魂の物語

進化と人生の目的

ティモシー・フリーク 著

喜多 理恵子 訳

SOUL STORY
T!M FREKE

ナチュラルスピリット

Soul Story
Copyright © Watkins Media Limited 2017
Text Copyright © Tim Freke 2017
First published in the UK in 2017 by Watkins, an imprint of Watkins Media Ltd.
www.watkinspublishing.com

Japanese translation published by arrangement with
Watkins Media Limited through The English Agency (Japan) Ltd.

SOUL STORY

Tim Freke

なぜこの本の文章は大文字から始まっていないのか？
WHY DON'T SENTENCES IN THIS BOOK
START WITH A CAPITAL LETTER?

＊訳注：原書の本文では英語の大文字を使わずに、すべて小文字で表記
されている。本書では下記の著者の意向に沿う意味で、訳文上でも「。」
を使用せず、できるだけ端的な訳出とシンプルな体裁を試みた

この本は慣例にとらわれない表記を採用している
皆さんにできるだけ明晰な体験、変容体験をしてほしいからだ

この本を書き進めるにあたり私は可能な限り概念を正確に表現
しようと目指してきており、体裁にはそれにふさわしいミニマ
リスト・スタイルを採用した

つまりデザイン上で必要な場合を除いて停止や大文字は不使用、
読むときのリズムに変化をもたせるためにコンマ、点、改行は
使用している

従来の段落形式は使わずにアイデアを一つずつ独立させ、その
後に続く文は字下げを入れることでアイデアを一つずつ明確に
考慮できるように配慮している

1 創発スピリチュアリティ
EMERGENT SPIRITUALITY

2 時の流れ
THE TIMESTREAM

3 自己実現する宇宙
THE SELF-REALIZING UNIVERSE

4 身体、魂、スピリット
BODY, SOUL, SPIRIT ···················· 100

5 目的の進化
THE EVOLUTION OF PURPOSE ·············· 133

1 創発スピリチュアリティ
EMERGENT SPIRITUALITY

現代社会は「魂の危機」を迎えている　客観主義科学が優勢の文化となり、時代遅れな宗教は崩壊しているからだ　その結果、私たちは意味を持たない宇宙をさまよっている

本著で私は解決策として新しい革命的な方向性を提案したい「創発スピリチュアリティ（emergent spirituality）」と私が名付けたもので、永続する霊的洞察を真新しい視点で理解して科学的進化論と統合し、人生の深遠な目的を明らかにするものだ[訳注：原語のemergent/emergenceには、創発、発生、新興、新生などの意味があるが、本書では「創発」と訳出している]

時間、魂、目的、意志の力、死、魔法　これらの本質を話題に取り上げながら　皆さんに莫大な数の新しい概念を味わい気分爽快になっていただこう

この章では現実の曖昧さについて科学とスピリチュアリティがいかに正反対の視点を私達に供しているかを見ていきたい

1.1　曖昧な人生

人生とは何だ？　人生に目的はあるか？　何かに辿り着くのか？　私達一人一人の人生に重要性はあるのか？　死は終わりなのか、それとも更に先があるのか？

　私は子供の頃からこのような疑問を考え続けて挙げ句の果てに哲学者になった

明確な答えを探し求める時に直面する問題がある　経験から言って、存在の本質は極めて**曖昧**だということだ

　人生は時に魔法のように働き、思わず息をのむ時がある…そんな時、私達の存在には深遠な意味があるとしか思えない

　またある時にはあまりにも人生が退屈で窒息しそうになる…　すると存在は無意味な偶然の出来事だという考えの方が、ぐっと本物らしく感じる

　私達は荘厳な経験をしたことがある　そのような時、私たちには人生を導いてくれる崇高な愛の存在がいるのだと心

の底から確信する

だがこの世には身の毛がよだつような苦しみもあり、そういったものを目にすると宇宙は無関心だと思う方がよりしっくりくる

存在の本質を理解しようと試みていると、二つの異なる方向から引力を感じた

一方では人生の霊的理解に惹かれるのを感じた　私が体験した、神秘的な力が司る現実というものを扱うからだ

また一方では人生の科学的理解にも惹かれている　物理的宇宙について合理的に説明してくれるからだ

そのようなわけで、これら正反対の視点のどこかで折り合いをつけようとして私は苦労している　いずれも私の曖昧な経験の一側面を述べているようだから

私は人生で起きた数々の冒険を通して人間として成長してきたが、これらの冒険は私にとってはとても意義深いものだという感覚があった…　だが私なりに理解している科学はもっと大局的に捉えることを強要し、手強い疑問を投げかけてくる

もし存在が何か深い意味を伝えているとしたら、暗黒の深

海に潜む奇妙な魚達にはどんな意味があるのだろう…　私達に悪辣な病気を感染させる大量の醜い虫たちの意味とは…　この巨大な宇宙に何百万兆とある、生命体が住めない荒涼とした惑星の意味は？

科学は138億年のあいだ進化してきた宇宙を発見し、私は矛盾感に包まれた

私は宇宙の壮大さに深い畏敬の念を抱いてきた　このすべての存在に意味などないと思い込むのは馬鹿げていると思っていた

だが恐竜が18億年もかけてゆっくりと進化したのも壮大なる宇宙の目的の一つだとはとても思えない！

科学は人間が神の似姿であるという概念を退け、私達を服を着た猿だと捉えているが、21世紀を生きる人間とは何を意味するのだろう

困難な状況にあっても最善を尽くそうとする人々を見ると、人は本質的に善を備えた存在のように思える時もある

だが、またある時には、人はこの素晴らしい惑星が感染した寄生虫で、常に宿主を殺し続けているようにも思える

好奇心旺盛な人間として、私は人生を実際に体験するがままに理解したかった　存在の得体の知れない曖昧さを説明したかったのだ

　私は人生の暗い現実から目を逸らさずにいようと決意した…　だが私の中に何度も湧き上がる強烈な楽観主義についても説明をつける必要があった…　この、何か素晴らしい力が働いていると確信させてくれる楽観主義をだ

　そうではないという証拠しかないにもかかわらず、この悲喜こもごもな人生には深遠な意味があるはずだという直感的な確信を拭い去ることはできなかった…　この確信が恐怖を挽回し、人類の冒険の真の意義を露呈するのだ

こういったジレンマから、私はしばらくこれまで世界観について、あることに取り組んできた　深遠な霊性が持つ霊感的・直感的洞察と現代科学の実用的・実地体験的発見とを結びあわせて、存在の矛盾的本質を説明できるような世界観を築いてきたのだ

　だが、この統合をはかっているうちに私は問題に直面した。スピリチュアリティの大部分はいまだに時代遅れで、合理性を欠いたままの宗教的な見方から抜け出せていないということ

そして科学は、いまや新宗教として確立していることだ…
すべての古い宗教とまったく同じで、狭義で傲慢で原理主
義的な傾向を備えているのだ

1.2　魂の危機

人生の意味とは何か？　単純にこんな質問をするのは馬鹿らしい気がする　なぜなら私達の文化において学術的主流では人生に意味は無いと考えられているから

　　過去に私達に意味を持たせていた壮大な宗教物語は、懐疑的な監査を受けて崩壊した　そこで私たちは科学を信じた　科学は理由なく存在する宇宙を、理由に基づいて説明する

私は人間の科学的知識とそれによって成り立つテクノロジーの世界に驚いた

　　科学的方法ほど人間の苦しみを改善したものはないと確信した

だが科学が私達にもたらしているのはパワーであり、目的ではない

　　人生の「仕組み」を説明できる能力は素晴らしいが、「なぜ」かはまったく解明できない

　　こうしてポストモダン界は魂の危機に捕われた　その理由
　　は意味の欠落だ

だが、私には、人間は食べ物や住む場所と同じくらい意味を必
要としているように思える…もしかしたら、それら以上に必要
かも？

　　意味があり、よって強くいられる人間は恐ろしい災難にも
　　耐えることができる

　　意味があり、それで生きる力を得た人間は新しい世界を生
　　み出すことができる

　　意味があり、希望を得た人間は死の必然性に向き合える

「なぜ私は生きているのだ？」といった大きな疑問を気兼ねな
く尋ねられるというのは大切なことだが、私達の文化は存在に
関する疑問を嘲笑う一方だ

　　こういった疑問の答えはもう出ていると人は言う　それは
　　つまらない答えだった

先人達は宗教的な希望的観測ばかりを考えていた　だが私達は
厳しい事実を知っている

人生に目的は無い…善良な神は存在しない…不死の魂は存在しない

私達は偶然生まれ、忘却に向かう宇宙の中で回転する岩にしがみついている利口な霊長類に過ぎない

この悲観的な見解は私にはしっくり来ない…　ただ、過去の迷信を復活させることが解決になるとも思わない

私は前書では容赦ない宗教批判家だった…　宗教色の無い社会の誕生は、人間が成し遂げた実績として最も偉大な実績の一つだと思っている

だが、ここ20〜30年私達の文化を支配してきた、魂を崩壊させるような科学的理解の代わりとなるものを私達は必要としているように思う

この考え方を「科学的客観主義（scientific objectivism）」と呼ぶ　客観的世界のみをリアルと見なすからだ

科学的客観主義者にとって私の想像の世界は、いまもこうして想像の世界からこれらの言葉が溢れ出しているわけだが、これも「脳」という肉片の副産物に過ぎない　なぜなら測定でき図化できる世界のみが本当に存在する世界だからだ

科学ドキュメンタリー番組の熱烈な司会者達は自然の神秘の映像を見せて私達を刺激し、客観主義者のゴスペルを流す　実際に自然の神秘は心からの驚嘆を呼びおこす

だが世にまかり通る彼らの映像には闇の面もある　そして不注意にも私たちは冷酷でむなしく機械的な世界に連れて行かれる

科学的客観主義を信じていても、当然私達が何かを大切に思う気持が無くなったりはしない…　だが自然の無関心さを目の当たりにすると、私達は非合理的なほど思いやり深い存在だ　自然の関心は弱肉強食の生存にあり、助けを最も必要としている存在に親切にすることではないから

私達の思いやりは、社会生物学的なものに成り下がり…私達の他者への親切は進化による好都合な共同行為として行われ…私達の愛は単なる化学作用となる

私の経験では、科学的客観主義者はマッチョな知性偏重を示すことがあり、人間の全価値の大半をこれだけ、あれだけと狭めて大喜びする

私達が選択する能力、特に倫理的選択は私達人類を定義付ける決定的な特徴のひとつである…　少なくとも、科学的客観主義者が私達は物質的因果に動かされている人形に過ぎないことを

示すまではそうだった

マインドを脳へと引き戻す「還元主義」には、すべてのものは物理の法則によって決定すると説くやはり寒々しい「決定論」の原理が付いてくる

すべては厳密な因果にしたがって起きる　つまり未来は決まっている

私がこの文を書くことを選択しているという概念は幻想でしかない　なぜなら私のすべての選択は物理特性によって因果的に確定しているのだから

客観主義という石頭のカルトが有識人の主流となってから、それが私の友人や私自身に影響を与えているのを私は見てきた

すべての知識人は**真のものごとのあり方**というこの世界観を知っているのであろうという無意識下の想定に私たちは感染している　その様子を私は目の当たりにしてきた

私達は面白半分に他のもっとポジティブな可能性に手を出したりしても、ひそかに心の裏ではこの上ない恐れを抱えている

私は客観主義者の世界観に代わる選択肢をあなたにも考慮して

もらうためにこの本を書いている

　　人生に意味を返してくれる存在の理解に知的信頼を与えたい

魂の存在を否定するのだから、まさに魂を**破滅**させるようなつまらない原理を採用しているこの私達の文化のせいで私達は魂の危機の時代を生きている

　　私達は人生についてあまり深くは考えない　考えれば考えるほどものごとは寒々しくなるからだ　だから私達は消費者主義で気を紛らわせる

　　私達は形而上学的見解としてもライフスタイルの選択としても、物質主義を謳歌してきた…

だが危機（crisis）という言葉は古代ギリシャ語で病状の転換期を表す（krisis）という言葉に由来する

　　私達は文化の転換期にいる、私達の実存の空虚感は生きる支えとなる新しい物語を要求しているのだから…　この本はその壮大なる企てにおける私の貢献なのだ

1.3　科学的知識と霊的叡智

生命の性質を理解したいという思いから、私は世界のあらゆる霊的伝統の教えを学んだ

　　そうしているうちに、それらは表面的にはまったく似通うところがなくても深いレベルでは共通の洞察を持っていることを発見した

普遍的叡智があり、それは「ペレニアル哲学」ともよく呼ばれていて以下のような遍在概念を説いている

　　本質的にすべてはひとつである…　人生は旅であり魂はその旅を通して叡智を成長させる…　本当に大切なのは愛である…　宇宙には私達を導き、教えを説く親切な存在がいる…　私達が決める倫理的選択はきわめて重要である…　私達の意図は私達の今後に影響を与える、私達は蒔いた種を刈るのだから…　魂は不死であり、死は終わりではない

学んでいる間にもうひとつ明確になったことは、すべての霊的伝統はよく「目覚め」と呼ばれるある体験について伝えていることだ

これは自然に起きる意識の変成状態で、目覚めると私達は
現実の性質がはるかな奥行きをもって見える感覚になる

ペレニアル哲学を構成する霊的洞察は奥深い直観で、目覚
めた状態の中に生じる

主流知識人文化において霊的目覚めのことが話題になることは
ほとんどない　だが現代と歴史上あわせて何百万もの人々が何
らかの形で目覚めを経験している

私は12歳の少年だった頃に初めてこの目覚めの状態を経
験して以来、その状態を探求している　だから私はそれが
リアルであること、重要な経験であることに完全な自信を
もっている

この本では私の個人体験を書くつもりはない　すでに他の著書
"how long is now?" "deep awake"（ともに未邦訳）などで書
いたからだ

ここでの私の意図は目覚めの状態は存在するとか、そこか
ら続く洞察は有効だとかいうことをあなたに納得させるこ
とではない…　そうではなくて私達の霊的経験も科学的発
見も解明できるような哲学的世界観をあなたに考えてみて
ほしい

だが私にとって大切なのは、「霊性（スピリチュアリティ）」という言葉のせいで誰にも不快を覚えてほしくないということだ この言葉は宗教という言葉くらい不合理な迷信と関連づけられているからだ

　　私が霊的目覚めについて話す時は、意識の自然な状態のことを単に指している

事実、私の知り合いで目覚めている人の大半は自分のことを「霊的」だとはまったく思っていない

　　彼らは意識の状態がシフトするのを明らかに経験し、そのために彼らはオープンでポジティブで思いやりがあるが、人生を霊的にとらえてはいない

この本がそのような人々にも、そして自らを霊的探求者と考えている人にも伝わりますように

　　あなたが誰であれどんな背景をもった人であれ、あなたに包括的な哲学を伝えたい　それは私の平凡な因果の経験と荘厳な霊的経験の**両方**を理解するために私が作った哲学だ…　これであなたの生きるということへの感謝が深まればうれしい

霊性と科学を結びつけるにあたっての問題は当然、何がリアル

かという点でこの両者の主張は完全に矛盾することだ

　　霊性は人生には深い目的があると教え…私達の倫理的選択
　　能力は重要だと説き…魂は不死であり…私達の考え方は魔
　　法のように先に起こることを左右すると教えている

　　だが科学的客観主義は、人生は偶然だと主張する…　意志
　　があるというのは幻想であり…身体の死は私達の存在の終
　　焉であり…すべては物質の因果関係で説明がつくという

科学知識と霊的叡智は本当に統一できるのだろうか？

　　人間の文化は最近まであらゆる神学的な世界観に支配され
　　てきた

　　科学的客観主義は独善的な宗教概念に異議を唱え、非宗教
　　の社会を生み出すためにポジティブな役割を果たしてきた
　　…　だが客観主義者達の尊大さは彼らが対峙した僧侶達と
　　同じで、現実の最終理解に到達したと信じることだ

文化の進化プロセスはまだまだ終焉にはほど遠く、この話には
新たな展開がやってくるはずだと私は言いたい

　　科学は私達を不合理な宗教から解放してくれた…　それに
　　よって力強い新しい形での**合理的スピリチュアリティ**の登

場が可能となった…　科学の発見を補いながらも寒々しい
客観主義に代わる選択肢を提示するスピリチュアリティで
ある

1.4　魂の進化

この本で私は「創発スピリチュアリティ」という新しい概念を
提案したい
人間体験を世俗的なレベルから崇高なレベルに至るまで説明す
るためだ

　　この新しい世界観の中枢は進化の概念であり、通常これは
　　科学と関連づけられている…　そして魂の概念は霊性と関
　　連づけられている

　　私が探求するのは**魂の進化**だ

魂とは何か？　私達の多くは、魂は体内に生きていて体が死ぬ
と抜け出ていく気味の悪い生命体のようなものだと思い描きな
がら育ってきた

　　だが「魂」という言葉は本来、現代の私たちが「**精神**
　　(psyche)」と呼んでいる言葉を意味する
　　これは魂を表す古代ギリシャ語だ

いまこの瞬間、あなたの体験をよく調べてみれば魂の性質は明

らかだ…　見てみればいい

　　まずこの世界であなたは体をもっているという体験に意識
　　を向ける
　　次に、あなたは別の非物質次元の存在をも体験しているこ
　　とを意識してほしい
　　思考やイメージでいっぱいのその存在…**これがあなたの魂
　　だ**

魂は明らかにあなたの体内には存在していない　なぜなら魂は
3次元の空間にはまったく存在していないから

　　魂はあなたの存在の非空間次元であり、あなたはその次元
　　の中でいまこの言葉の意味を読み取っている

私たちは現実の非物質次元体験を「魂」「精神」「想像」「マインド」
などあらゆる言葉で表す

　　それぞれの言葉には異なる味わいがあるので、この本では
　　内容によってこれらすべての言葉を使い分けていくつもり
　　だ

　　私のお気に入りは「魂」という言葉だ　温かみが感じられ
　　るから

人間の歴史では大半において魂はきわめて重要だった　ところが客観主義の登場によって魂の価値は著しく低下した

　　かつては神聖で不朽とされた精神は、いまや脳内のニューロン発火の単なる副産物に過ぎないとみなされている

私は魂に昔のような栄光を取り返したい…　そして現代科学の進化論を基盤としてその上に魂の重要性についての新たな理解を打ち立てていくことを私は提案する

　　生命の起源の進化についての説明が初めて提示された時、反対者はすべての意味の存在が奪われるのではないかと恐れたが、実はその逆であるという確信に私は至った

「進化」という概念は自然淘汰の理論と関連している　初めて提示したのはチャールズ・ダーウィンそしてアルフレッド・ラッセル・ウォレスだ

　　これは「適者生存」という残忍な概念としてよく風刺的に描写される…　だが実際はもっと微妙なニュアンスの概念だ　環境に「適応する」方法を見出す種の生存を通して進化は起きるのだから

ダーウィン・ウォレス以来、長年を経て生物学的進化論は科学においてもっとも強力な概念へと発展した

もちろん疑問視もされてきた、きっとまだまだ理解していないことや現段階では誤解していることもたくさんあるに違いない…だがこの本ではそこには触れないでおく、なぜなら私が興味をもっているのは広義においての進化の概念だからだ

20世紀に物理学は「ビッグバン」理論を構築した、この理論では全宇宙は「初期特異点」から進化したものと説明する

これで進化の概念は飛躍的に拡大し、自然淘汰の生物学的理論を越えてしまった…いま私たちにあるのは進化宇宙論というビッグバンに始まりその138億年後の私たち人間という経験に至る壮大な物語だ

この進化宇宙論のストーリーは膨大なあまり他のすべての科学理論を包含してしまう…　それは想像が成し遂げた巨大な功績…魂の大勝利だ

進化の概念は現在の私の周りにある存在のあらゆるレベルを説明するので、私は進化論に惹かれている

窓の向こうに見える庭には石があり、石の発達レベルは花よりも明らかに低い…その花の発達レベルは鳥よりも明らかに低い…そしてここで精神の象徴世界を体験しているこの私もまた、別の発達レベルにいる

　　進化論はこういったすべてのレベルを繋ぐ、説明的な一つ
　　の発展物語なのだ

現在「進化」の概念は科学的なものとみなされているが、実際
はたいへん古い霊的概念である

　　「魂の輪廻」の理論は精神があらゆる異なる存在レベルを
　　経験することにより進化するという古代の信念である…
　　鉱物、有機体、動物、そして人間、そしてついには世界を
　　超越して神となる

　　科学の進化論は当然ながらまったく違うが、説明される発
　　展のプロセスは類似している

重要な相違点は、進化の霊的理論は生命の奥底にある目的とい
う深遠な感覚を知ることを追求していること

　　進化のプロセスはどこかに行くという捉え方である一方で、
　　科学的進化論は意味などない宇宙における偶然のプロセス
　　と想像している

　　ただ、進化の過程によって精神が発生したと主張しても物
　　議をかもすことはない…　これに異を唱える科学者は一人
　　もいないからだ

ここで進化の物語の魅力的な捉え方を紹介しよう…

　　　進化のプロセスはビッグバンと共に始まる…　**このとき空間は膨張し始め、物質的宇宙は形を成し始める**

　　　そしてついに、そのプロセスはいまのあなたに起きている思考の流れという経験に到達する…　**その思考の流れは空間に存在しておらず、物質でできたものでもない**

進化のプロセスは、初期特異点の限りなく密度の濃いエネルギーから始まって知性をもつ人間に至った　合理的思考と直感的洞察の能力を持ち、これらの言葉を読んでその象徴的意味を理解する人間へと

　　　こんな驚異に私は思わず考えてしまう…　物事がこんなにうまく運んだのは、ただ運が良かったからなのか？

　　　宇宙には、永遠に生命体のいない状態で存在していた可能性もあったのだろうか？

　　　魂が進化せず宇宙は永遠に無意識状態になっていた可能性はあるのか？

これらの問いへの答えを考える前に、あなたに少しのあいだ精神の体験を調べてみてほしい…

あなたの思考に気づき、あなたはマインドの中で自分自身と話すことができるなんてどれだけ素晴らしいことかに気づいてほしい

あなたは過去を思い出すことができる　そうやって前の体験を思い出してそこから学べること

過去の記憶と未来への願いは意義深いストーリーを成し、あなたの人生に意味ができること

この素晴らしい精神の世界を体験している意識的な存在が他にもいて、その存在と素敵な人間関係を楽しめること

私たちは素晴らしいアイデアが大好きで…数学方程式を作るために数字を操り…感情を動かす音楽を想像する

ここで自分自身に問いただしてほしい　次の二つのうちどちらがより可能性が高いだろう…

精神は意味などもたない現実への偶然の侵入者なのか？

それともこの壮大な進化のストーリーはすべて魂に繋がっているのだろうか、だから私たちはいまここでこうしてこの問いを考えているのだろうか？

1.5　物質、生命、魂

前項では、科学的進化論は種の起源を説く生物学的理論として
始まったが前世紀には拡大し、現在私たちは宇宙全体が進化し
てきたと捉えていることを見てきた

　　物質的宇宙の進化と生命の進化は一つの進化ストーリーの
　　一部であるが、それぞれは異なる進化メカニズムに統制さ
　　れている…　自然淘汰は種の起源を説明するが、化学的要
　　素やたくさんの星でできた銀河の進化については説明しな
　　いからだ

私の提案は生物学の前からビッグバンまで進化の概念を逆戻り
に展開していくことだが、さらに魂の進化を理解するために先
にも展開させていく必要もある…単なる生物学的進化の副産物
ではなく、独自の特徴をもった新たな進化段階としてとらえる
ためだ

　　広義的にみると進化のプロセスは三つの壮大な創発段階を
　　経てきたと私には思える…　その三つとは物質、生命、魂
　　だ

　　初めに原子と化学物質…そして植物と動物…最後に精神の
　　非空間次元を体験する感覚をもった生物である

客観主義的科学は進化の初めの二段階を主として取り扱い、私た
ちはそのお陰でかなり深くまで理解できた…　だが進化の魂
の段階を理解するために役立つのは霊性だ

　　この本では科学的知識と霊的叡智を統合し、それによって
　　存在の進化について明確に説明する方法を示したい

霊性は人生には深い目的があり、私たちの倫理的な選択は重要
であり、魂は不死であり、私たちの思考は魔法のように未来に
影響を与えると説いている

　　この目的、自由意志、不死、魔法は進化のプロセスを通し
　　て創発する、これが私からの大胆な提案だ

このうち一つとして客観的科学が研究してきた物理レベル・生
物学的レベルに存在しているものはない…　これが霊性によっ
て探求が進み、魂の進化段階で創発したのだ

　　この考え方を「創発スピリチュアリティ」と呼んでいるの
　　はそのためだ

客観主義者はそんなものは馬鹿げたナンセンスだとして棄却し

たくなることだろう

　　たとえば死を越えた精神という概念は客観主義者にとって
　　は不条理なものでしかない　彼らにとって私たちは単なる
　　物理的身体に過ぎないからだ…　つまり身体が死ねば終わ
　　り…まさに、おしまいおしまいなのだ！

　　だがその確信に異を唱えたい　そして不死は創発現実であ
　　るという合理的理解に向かって主張したい

霊的目覚めは進化プロセスにおいて非常に重要な発展であるこ
とも提案するつもりだ…　そしてプロセスは存在の真新しいレ
ベルの創発に続いている

まとめ

1.1 曖昧な人生

私は存在の曖昧な性質を釈明する原理を明確に説明したい

1.2 **魂の危機**

ポスト・モダン文化は意味の欠如から生じた魂の危機を迎えている

科学的客観主義が学術的主流を握るようになり、それによって科学的客観主義は難攻不落の真実だと想定されるようになった

1.3 **科学的知識と霊的叡智**

私の人生には霊的目覚めやそこから生じる深遠な洞察も含まれており、そういった自分が実際に経験しているがままの人生を理解したい

科学によって私たちは非合理的な宗教から解放された
それによって障害が取り除かれ、合理的スピリチュアリティという新しい形の創発が可能となった　この新しい

形は科学を補完するが客観主義に取って代わるものである

1.4　魂の進化

「soul」（魂）という言葉は、元はいま「psyche」（精神）と呼んでいるもののことを指していた

魂は、私たちの経験の非空間的・非物質的な次元のことである

魂の重要性について新たな理解を築き上げる土台は、現代科学の進化の理論である

1.5　物質、生命、魂

前世紀の科学は進化の概念を生物以前のビッグバンまで遡ったが、いま私たちは進化プロセスの新段階として独自の特徴を持った魂の創発を理解するために概念を未来にも拡大する必要がある

進化は三つの大きな創発段階を経てきた…物質、生命、魂である

2 | 時の流れ
THE TIMESTREAM

これから現実の哲学的探究に入ろう　これが皆さんが人生をより深く理解する手がかりとなることを期待している

この章ではまず哲学の性質と、その存在の神秘との関係性を見ていこう

そのために新たな時間の概念を紹介し、客観的世界の性質について皆が共有している前提的常識に異を唱えたい

この本では各章で特定の概念について深く見ていくので、ぜひ考えてみてほしい

新たな概念は前出の概念に関連するところが出てくるので、その時は 2.1 というふうに、文の最後に該当セクションを記述する…

2.1 神秘のストーリー

哲学者は、人生を深遠に理解できるように物語を作るストーリーテラーだと私は考えている

　　哲学的ストーリーは真実を望む…　だがストーリーは真実にはなれない、どんなストーリーも存在の偉大な神秘を余すところなく説明することはできないからだ

最高の賢者の一人と誰もが見なしているアルバート・アインシュタインは、謙虚な認識を得て簡潔に述べた…

　　人間のマインドには宇宙を把握する能力はない

一哲学者として、私は存在の計り知れない神秘に自らを根づかせることが不可欠だと感じている

　　ここではっきりと言いたい　私は人生が何であるかはわからない

　　偽りの権威を装って物事の有り様を語ろうとしているのではない…　ただ魅力的な提案をして、あなたに考えてみて

ほしいだけだ

人生について私が惹きつけられているストーリーをあなた
に伝えたい　あなたにも役立つかどうかはあなたが決めれ
ばいい

絶対の真実のストーリーは存在しない、だが他のストーリーよ
り明らかに優れたストーリーは存在する　優れたストーリーに
よって私たちは物事への深い理解を得られるからだ

　哲学者の課題は最良のストーリーを作ることである　より
　良いストーリーを生み出すことで文化は前進するからだ

私は自分の経験の豊かな曖昧さを説明するために創発スピリ
チュアリティという哲学を生み出す必要があると感じてきた
私が見てきた既製のストーリーは、どれもそれを説明できてい
なかったからだ

　この本で私は概念を「新しい」と表現している…だが新し
　い概念はすべて古い概念から発展するものだ

　本質的に、私のすべての洞察はこれまでも誰かが思いつい
　たのではないだろうか…それが助けとなって簡単に私の元
　にこの洞察がやってきたのではないかという気がしている

　　だから同等の概念を私以前に考えたパイオニア的な人生の
　　探究者には大いに感謝している

これから見ていく概念の中には常識の視点から見ると一見、幻
想的に見えるかもしれない

　　だが実際に人生は幻想的であり、人生を理解するためには
　　想像力が必要だ

科学は常に新しい概念に到達し、その新しい概念は私たちの日
常の現実の感覚を完全に小さく切り取っていった

　　始まりは、地球は平らではなく太陽は昇らないという爆弾
　　だった…　その後、科学は人間は魚から進化したのだと示
　　して私たちを驚かせた…　ついには固体物質の99.99%は
　　空間であることを明らかにしたのだ！

最先端の科学者達は、現実を理解するためにより良い方法を見
つけようとやたらと熟考する気満々である

　　最近では、私たちは一種のホログラムの中で生きている可
　　能性が示された…　現実は実際に数学でできていると…
　　そして私たちの宇宙は無限の宇宙に属する多元宇宙のうち
　　の一つに過ぎないという！

この本で示す推論的概念は、宇宙を理解するための最良の方法を追求しようとしているので意気込みは同じであるが、その宇宙は私たちの想像を超えてもっと奇妙で素晴らしい宇宙である

私は生きる限り自分の文化的憶測を疑問視し続けてきており、私の哲学はそこから生まれている…　人生の実体験を綿密に観察し…　現実の性質に深遠な洞察をもたらしてくれた意識の変容状態を探究してきた

だが、科学的客観主義はこの方法は何かを知るためには有効と認めていない

客観主義では真の知識は感覚から生じたものでなければならず、実験で証明されなければならないからだ

だが、これでは自分にしかわからない物事を無視することになる…　たとえば「私は妻を愛している」という事実がそうだ

これが感覚を通して事実かどうかはわからないし、実験でも証明はできない…　だが自分はそうだと知っている

だから科学的手法は称賛に値するものの、現実の性質を探究する唯一の方法だとは思えないのだ

アルバート・アインシュタインは概念を発展させるにあたっては、その概念がいずれ支持されようとも実験で間違っていると証明されようとも、自分の想像力が極めて重要であることを明確に知っていた

　　私は違うけれども、同等のアプローチを取る　私も新しい想像的な現実の知覚方法を見つけ出したいからだ　そうしてその概念を実際の生体験に比較検証して理に適っているかどうかを確かめることが不可欠だと思っている

私の哲学的手法には長期にわたる熟考が伴う、いまこの瞬間に現実として私の元に何が姿を表すかを見るのだ…　だから創発スピリチュアリティの哲学探究を進める中で、私はあなたにたびたび「いまの現実」を観察してくださいと伝えることになるいまあなたは何を経験しているかを本当に意識するということだ

　　私は生きるという実体験をもっと深くから理解したい　私のすべての推論的概念は**いまの現実**から生じてはそこに戻っていくのだ

2.2 時間の現実

私たちの哲学的冒険の始まりとして、まず私と一緒にいまの現実をぜひ観察してみてほしい…

瞬間を観察すると、私には体験の流れが見える

私の体験は常に変化し続けているので、この体験の流れを私は「時間の流れ（timestream）」と呼ぶ

あなた自身の瞬間を観察してあなたは時間の流れを体験していることを意識してみよう

これがあなたに伝えたい世界観の基本概念である　これで私はある重要な主張をすることができる…

私たちは永遠に変化し続ける時間の流れを現実として体験している

いまあなたは時間の流れを体験していることを意識してほしい

あなたは一連の体験を…展開し続ける事象の繋がりを目撃

している

人は「時間は幻想だ」と言ったりする、だが時間なくして経験
は不可能だ…　そこで私は反対を提案する

時間は現実である

存在の初源的なクオリティは、事象の連なりであるという
こと

現実は常に進化し続ける時間の流れである

私たちのこの世の個々の「もの」の見方について、これが何を
意味するか見てみよう…

現実は時間の中あるいは時間を通して存在する物事で出来
ていると私たちは考えている…　だが「もの」を一つの事
象あるいはプロセスとして考える必要性を提案したい

たとえば私は机の上にある花を見ている、花は物体だと
思っている…　だが低速度撮影カメラで見ていると想像
すると、一輪一輪の花はプロセスであることが瞬時に見えて
くる

周りを見回して何か一つの物を選んでほしい…　そしてそれを

低速度撮影カメラで見ていると想像してほしい

　たとえそれが無生物であっても、フィルムの速度を十分に
　高速化すればプロセスを目撃するはずだ

時間の現実はすべてのものに対する私たちの理解にとって不可
欠だ　すべての「もの」は**プロセス**なのだから

　つまり**すべての一つひとつのものは、時間の普遍的流れの
　内にある個々の時間の流れであること**が見えてくる

これを実験として試してほしい…

　周りを見渡してすべてのものをそれぞれが展開し続ける時
　間の流れとして見てほしい

私たちの常識的概念ではすべてのものは時間の内に存在してい
ると考える…　だが実のところ私たちは時間とは何かをわかっ
ていない

　時間は神秘的な背景でその中に現実が起きるという見方を
　やめてはどうだろう…　そのかわりに存在するすべてのも
　のの基本的性質として時間をとらえるのはどうだろう

　私たちの普通の感覚ではものは時間の中に存在する…　だ

がこの新しい視点では、**ものは時間でできたプロセスとなる**

2.3 時間は蓄積する

では私たちが探求している哲学の基礎であるもう一つの概念をお伝えしたい…

時間は過ぎるのではない…**時間は蓄積する**

私たちは、時間は過ぎ行くものと考えている　起きたことは私たちの経験の中にはもう存在していないからだ

だが過去は現在の中に常に潜在している　なぜなら新しい一つひとつの瞬間はすでに起きたことを含み、その上に築かれているからだ

時間は移り行く瞬間だけではない…時間は過去の蓄積である

あなたがこの本を読み始めた時と比べて、いまの方が過去は増えている

はっきりさせておこう…　これは記憶の蓄積ではない

記憶とはいまにおいて過去を思い起こすことで、いまとい

う新しい光の中で過去を見るということだ

私が言っているのは過去そのものが存在しており、**蓄積している**ということ

つまりこれまで起きたことはすべてこの瞬間に潜在している

ビッグバン…　物質の形成…　太陽の誕生…　生命の進化…　これらは私がこの本を書こうと決めた瞬間とあなたがこれを読もうと決めた瞬間まで蓄積しているまでのすべてが、である

カオス理論では、メキシコにいる蝶のわずかな羽の動きがやがては中国でハリケーンを発生させる可能性があるといわれている

同じように私が言いたいのは、いまこの瞬間の中にかつて起きたすべてのことが含まれているということだ　なぜなら過去の何かを変えれば現在はこうはなっていないであろうから

私たちは、過去は過ぎ去ったものと捉えている…　だが過去はどこにも過ぎ去ってはいない…　いま私たちと共にあるからだ

私たちが歴史について何かを断言する時、それが考古学についてであれ裁判についてであれ、私たちは過去が**存在している**ことを認めている

過去に起きたことは永遠に起きたままだ

もしそうでないとしたら、歴史も裁判も不可能となる…日常のささいなこと、たとえば誰かが歯磨き粉の蓋を閉め忘れたことについて言い争うことも含めてだ

タイムトラベルの概念はどこまでも愉快ではあるが、事実として私たちは時間を**戻っていく**ことはできない　なぜなら時間は先に**進む**こともできないからだ

『恋はデジャ・ブ』（原題：Groundhog day）というあの素晴らしい映画を思えばいい
映画の中でビル・マーレイは何度も何度も同じ日の朝に目覚め続ける

だが彼は時間を遡らなかったのは、毎回新しい日が新しい前日となってその日を繰り返すからだ…　つまりそこには前に起きたことが含まれているということだ

過去が蓄積している時、それが**蓄積していない**とは考え難い…　過去は起きたことを指し、いまとなっては**起きない**

　　というのはあり得ないからだ

私は前に、現実は進化する時間の流れだと示した 2.2 …　こ
れにいまこう付け加えたい

　　宇宙は過去でできている…　なぜならそれはビッグバンか
　らいまこの瞬間までに起きたすべての蓄積だからだ

2.4　過去と可能性

私は時間の考え方を変えようと提案してきた　過ぎ去るものと
捉えるのではなく過去は蓄積していると考えるのだ 2.3

　　ここで未来の性質を考えたい

私はこのように見ている…

　　過去は起きたこと

　　未来は起きる可能性のあること

これを明確にするために未来のことを「可能性」と言おうと思
う…　つまりこうだ

　　過去は現在の中の可能性に出会う

　　いまは、過去に起きたすべてのものと未来に起こりうるす
　　べての可能性の共存である

起きたことは変えられないので過去は確定している…　だが未

来はまだ起きていないので不確定だ

だが未来に起き得ることは過去によって限定されている なぜなら、未来はすでに起きたすべての上にしか築いていくことができないからだ

未来は蓄積した過去を包含しなければならない

どんな新しい可能性が実現できるかは、どのような可能性がそれまでに実現されてきたかによって左右される

というわけで、あなたに熟考してみていただきたい壮大なビジョンとはこのようなものだ…

宇宙は時間でできている

宇宙はビッグバンに始まり、いまこの瞬間に至るまでの進化する時間の流れである

宇宙は蓄積し続ける過去であり同時に新しい可能性は現在実現している

2.5 あなたはあなたの過去である

過去は現在の中に潜在しており、時間の中にものの集合体があるのが現実という見方ではなく現実は時間でできたプロセスとして見るべきだと伝えてきた 2.2

　　すべての「もの」は蓄積された過去でできた時間の流れであり、瞬間ごとに新しい可能性が実現してゆき過去は増加していく 2.3

ここで私は、これが私たちのアイデンティティの受け取り方といかに深く関わっているかを示したい…　説明しよう

　　あなたは蓄積した過去でできた時間の流れである

　　つまり…　**あなたはあなたの過去である**

私たちを個人として定義しているのはすべての経験と自分が行ってきたすべての行いであることを、私たちは直感的に知っている…　だが過去は曖昧で不完全な記憶という形でのみ存続していると想定している

記憶とは現在において過去を再体験することだと前に伝えた…　そして過去そのものは決して失われていない　なぜなら過去は現在の中に潜在しているからだ　2.3

形を成して生じたものはすべて永遠に存在する…　それが時間の性質なのだから

そこでこれを考えてみてほしい…

あなたはこれまでのあなたすべてである

あなた独自の過去があなたという一人の人間を作っている…　あなたが過去を覚えていようといまいとだ

ではこれを実験してみてほしい…

あなた自身をあなたが過去に経験したすべての蓄積として見てみよう…　それは未来のあなたが経験し得るすべての可能性に出会っている

このような理解のもとに私たちが互いに出会ったらどうだろう？

自分の過去でできた時間の流れが可能性に出会っている自分に気づいているあなた

自分の過去でできた時間の流れが可能性に出会っている自分に気づいている私

あなたがかつて経験してきたすべては、私がかつて経験してきたすべてに出会っている

そう気づくと、私たちの出会いは深みを増さないか？

2.6 客観的世界

ここで、私たちが住んでいる客観的現実についての想定に異を
唱えたい

　　私たちは客観的世界をそこでの自分の主観的経験とすぐに
　　取り違えてしまうようだ

　　私たちは、現実は私たちが経験しているがままに存在して
　　いると想像している…　だが実際はそうではない

　　私たちが経験している世界は、実際は観察する側と観察さ
　　れる側との交流を通して生まれる

私たちが世界だと思っているものは、私たちの世界のその時々
の感じ方である…　なぜならコウモリとナメクジでは世界はか
なり違って見えているだろうから

では世界の経験とは別に、世界とは何だろう？

私たちに見えているがままの世界の性質について科学が調査を
始めた時、アルバート・アインシュタインは魅了された　だが

結局のところ、客観的現実についての私たちの常識的想定を完全に揺るがしてしまった

> 客観的世界の日々の感覚について科学はどう異を唱えるかを**実験的に**見たいと思う　前に述べたように、ショッキングな科学的概念はいかに私たちの現実体験を完全に変えてしまうかを考えてほしい 2.1

まず初めに、固体でできているように見える三次元の世界は、実際は99.99％は空間であるという実に驚きの事実…

> 地面についている足を感じてほしい

> そこであなたの身体も地面も私たちが思っているような固形ではないという事実を考えてほしい

> あなたの世界の感覚はどう変わるだろうか？

近年の物理学者達は、宇宙は巨大なホログラムに相当するのではないかと考えている

> 周りを見渡し、三次元のホログラムのように見えているこの世界は、実際は二次元現実であると想像してほしい

> この概念であなたの客観的世界の知覚はどう変わるだろう

か？

他の物理学者達は、宇宙は実際は数学でできた巨大な仮想現実のシミュレーションではないかと考えている

　少しの間その可能性で遊んでみてほしい

　いま現実はどう見えるだろうか？

科学はいまもなお客観的現実の真の性質に異を唱えているが、これらの驚きの概念を考えれば確実に言えることはこうだ…

　客観的現実はいま、あなたが経験しているものとは異なる…　それはあなたの人間としての脳が現実はこうであると知覚しているものだ

あなたの世界の体験は客観的世界ではない

　あなたが経験している世界は、その時々に見えているあなたにとっての世界だ

私たちは、客観的世界の主観的体験と客観的世界そのものを区別せねばならない

　あなたが経験しているものはあなたの経験である…　わか

りきったことだが！

では…　あなたの経験の向こうにあるものは何だろう？

私にとってはコウモリもナメクジも含めて、すべての感覚生物が知覚する共有世界が明らかにあるように思える

　　私たちはそれぞれにたいへん違う形で経験をしているかもしれないが、宇宙は一つである…　これを理解することは科学にとってばかりではなく、私たちの日々の活動にとっても基礎である

では、私たちの経験の向こうにある客観的世界について確かに言えることとは何だろうか？　私はこういえるように思う…

　　客観的現実は有形の物体でできているのではない…　**情報**でできている

　　あなたの現実の経験は、あなたに提示されている客観的情報をあなたが主観的に解釈したものである

いまあなたが知覚している現実はあなたの脳が作っていて、それがあなたが経験している世界を作るためにあなたの感覚が受け取った客観的情報を解釈している

そしてもちろん、あなたの身体や脳があなたにとって存在
しているかのように感じているのも、客観的情報の解釈で
ある… **現実そのものではない**

私たちがここで見ようとしているものを本当に理解するため、
ここで少しあなたのいまここの体験で見てみよう…

私が示しているのは、いまあなたは経験の流れを目撃して
おり、その向こうには情報を含む客観的現実があるという
こと

あなたが経験している世界は、客観的情報をあなたが主観
的にそのように解釈しているということ

客観的現実は、固形の三次元世界のような見せかけに生じ
る**情報**である

2.7　客観的情報と主観的経験

客観的現実は、私たちが主観的経験と解釈している情報と捉えればわかりやすいということを前項で伝えた 2.6

　ここで、客観性と主観性の関係性を調べたい

あなたは客体であり主体である

　あなたという存在はこの世界において、他人によって**客観的に**経験されている

　あなたは**主観的に**世界を経験している

つまり私が示したいことはこうだ…

　あなたは個の時間の流れである…　客観性と主観性を持っている

　客体としてあなたは他の時間の流れから**主観的に**解釈され、**客観的に**経験されている情報の流れである

主体としてあなたは、あなたに提示された**客観的**情報の解釈という**主観的**経験の流れである

これはあなたや私だけに当てはまることではない…　コウモリやナメクジもまた、客観性と主観性を持った個の時間の流れなのだから

コウモリとナメクジは他者によって解釈され経験される**客観的**情報を共有している…　そして彼らに提示された情報の自分なりの解釈を**主観的に**経験している

2.8　主観性は識別である

私たちは普通、人間や動物は**主体**であり他のものはすべて**客体**だと考えている…　だが本当にそうだろうか

　　すべては主体であり客体であると提案したい…　単純な原子から人間に至るまでだ

　　すべての個の時間の流れは、世界に対して情報として客観的に姿を見せている

　　そしてすべての個の時間の流れは、主観的に環境をなんらかの形で**識別している**

　　原始的な分子でさえ、周囲の分子の電荷が正か負かを確認している…　つまり分子は原始的に周囲の世界を識別している

進化のプロセスは三つの偉大な創発の段階を経ることは前に述べた…　物質、生命、魂だ 1.5

　　ここで、環境の主観的識別はあらゆるレベルを経て進化し

ているという捉え方を提案したい…　電解識別、感覚識別、概念的識別などである

化学物質は世界を識別し、あらゆる反応をする　そうすることで、ある化学物質は仲の良い化学物質と混合し他の化学物質に会うと爆発する

動物は感覚で世界を識別する　そうすることで自分は何を食べるべきか、そして自分は何に食べられようとしているかがわかるのだ

精神の進化によって人間は世界をマインドの概念と感覚で識別するようになった

すべての時間の流れは環境を識別しそれぞれの固有の性質にしたがって使える客観的情報を解釈している

すべての個の時間の流れは世界を**知っていく**プロセスを進行中であり、自らを世界に**提示している**のである。

2.9　あなたは生命

ここで少し実験をしよう　これまで見てきたすべての観点から
あなた自身を新しい視点で見るという実験である…

　　あなたは個の時間の流れである

　　あなたは提示された客観的情報の解釈を主観的に経験して
　　いる

　　あなたは他者によって解釈される客観的情報を伝えている

では、これを考えてみてほしい…

　　あなたは蓄積した過去でできた時間の流れである…　つま
　　りあなたはこれまで経験してきたすべてであり、他者にあ
　　なたが提示してきたすべての情報である

とすると、素晴らしい認識が得られる…

　　あなたは生命を持っているのではない…　あなたはあなた
　　の生命そのものなのだ

まとめ

2.1 　神秘のストーリー
人生はミステリーであり私たちはそのミステリーについてストーリーを語る

どのストーリーも真実ではない、だが哲学者の務めは可能な限り最良のストーリーを作ることである

2.2 　時間の現実
現在の現実を観察すると移り変わり続ける経験の流れがみえてくる、これを私は「時間の流れ」と呼ぶ

ものごとはプロセスであるから、見えるものはすべて個々の時間の流れである

2.3 　時間は蓄積する
時間は過ぎ去らない、過去は蓄積する

これまで起きたことはすべていまの瞬間の中に潜在している

現在は過去を包含している、だからこそ歴史は存在する
ことができる

時間は現実の中にあるのではない、現実は時間でできて
いる

2.4 過去と可能性
いまとは過去に起きたすべてと未来に起き得るすべての
可能性の共存である

実現された可能性は永遠に実現されている

2.5 あなたはあなたの過去である
あなたは蓄積し続ける過去でできた時間の流れである、
だからあなたはこれまでのすべての経験とすべての行動
である

2.6 客観的世界
客観的現実は私たちが経験として主観的に解釈している
情報である

2.7 客観的情報と主観的経験
あなたはこの世界で他者によって経験されている客体的
情報の流れである

あなたは他の時間の流れが提示している情報を主観的に
解釈することで、自分の世界経験を作っている

2.8 主観性は識別である
すべての時間の流れは主観的に環境を識別し、利用可能
な情報を主観的に解釈している　その方法は発達の進化
レベルによって決定される

2.9 あなたは生命
あなたは生命を持っているのではない、あなたはあなた
の生命である

3 自己実現する宇宙
THE SELF-REALIZING UNIVERSE

私たちのミッションは、現代科学の発見と霊性の永続的洞察を根本から新しい方法で理解することである しかも両者が矛盾することなく、互いを補い合うような理解を求めている

これまで時間の新しい捉え方を探求してきたので、これで宇宙の進化について新たな視点から探求する準備は整っている

私が示したいのは、宇宙は初源的潜在力から生じていることであり、この初源的潜在力は進化する時間の流れとして着実に先に進みながら自らを実現しているということだ

現実の新しい側面が進化プロセスの間にどのようにして徐々に創発してきたかを調べてみよう

3.1 　ゼロの瞬間

比較的最近まで、教養ある西洋人の大半はこの宇宙は6000年前に神が創造したのだと信じていた

　　前世紀、実は宇宙は138億年前に「ビッグバン」というものから始まったことを科学が立証した

この名前は元々、この理論を嘲るためのジョークだったがそのまま定着した　ありがちなことである

　　だがこれは良い名前ではない、なぜなら音波を運ぶ空気もそれを聞く耳もなく「バン（爆発音）」などなかったからだ…　それに「ビッグ」でもなかった　宇宙は極小だったが、それ以来拡大を続けているのだ

いわゆる「ビッグバン」について一番重要でどこまでも矛盾している特徴は、それが**時間の始まり**であるという点だ

　　そこで私はこれに最も相応しい名前として「ゼロの瞬間（moment zero）」と呼ぶことを提案したい…　ここから時間が始まり、過去の蓄積が始まった一番初めの瞬間だか

らだ

ゼロの瞬間から宇宙の時間の流れは流れ始めた…そしてそれ以来、新しい可能性の実現の継続を通して時間の流れの特徴は常に進化を続けている

すると魅惑の疑問が出てくる…

ゼロの瞬間、時間の流れは何から生まれてくるのだろう？

こうに違いないと私が思う答えはこうである…

すべての存在の源はすべての存在の**潜在力**である

ということは、宇宙のストーリーは次のように始めることができる…

ゼロの瞬間に初源的潜在力が性質として内在している可能性を実現し始める

進化し続ける時間の流れが創発する…　これらの潜在力が実現化していくプロセスである

過去が蓄積するにつれ、過去にすでに実現したものの上に新しい可能性が実現する

宇宙が創発した元の初源的潜在力は矛盾している、なぜならそれは時間の流れの無時間の源だから

　初源的潜在力には限界がない…　形のないワンネスである

　だが、この無形のワンネスから形をもったすべての個が創発するのだ

3.2   拡大し続ける時空

科学が伝える進化のストーリーは、物理学者が「初期特異点」と呼んでいるものから始まる

　　これは無限に密度の濃い物質でこれが拡大して宇宙となる… すると「空間」が生まれる

ゼロの瞬間は空間および時間の始まりである

　　宇宙は拡大し続けている… だが私たちはなかなかそのようには思えない、なぜなら宇宙は空間**の中で**拡大しているわけではないのだから… 拡大しているのは空間だ

　　同様に時間は過去が蓄積するにつれ拡大している、だが時間の中で拡大しているのではない… 時間が蓄積**し続けているの**だ

現代物理学は時間と空間を「時空」という一つのものの二つの側面として見ている… そこで実験として、このように見てみよう

時空は無形で無時間の潜在力の中で拡大している時間の流れである

前に現在は可能性と過去との出会いであると述べた 2.4 だが、いまはこう言いたい…

時間の流れは初源的可能性の中で拡大している過去である

時空が風船のように膨張しているところを想像してみよう…もちろんこれは正確な例えではないが、科学者達が頻繁に用いる例えであり、ここで時間の流れの膨張をイメージ化するには役立つだろう

膨張する風船は無形の潜在力の中で拡大している時間の流れを象徴している

風船の中は蓄積し続ける過去で、有形を成したすべてである

潜在力は無限で無形のワンネスだ、だがその内には膨張する風船、それは有限で個の形を成したすべてである

では、現在の現実に注意を向けてこれを考えてほしい…

風船の皮は、いまである…　そこで膨張し続ける過去と無

限の潜在力は共存している…　新しい一瞬一瞬の可能性を
実現させている

3.3　個体化と個の統合

科学が伝える進化ストーリーでは創発する物質はどんどん複雑化し、生命の進化となり、ついには精神が創発する…　どのように私がこの驚異のプロセスを見いだしたかというと次の通りだ

> ゼロの瞬間、宇宙の時間の流れは**個体化（individuation）**のプロセスを始めてたくさんの小さな流れへ分岐する…これがそれぞれに異なったクオリティをもった、それぞれに異なる時間の流れとなる

> これは存在の一つの流れの中で自立しながら互いに繋がり合った流れから成り立つ巨大な時間の流れの生態系を生み出す

広義において進化は創発の三つの偉大な段階を経る　1.5

> 時間の流れはまず**物質の流れ（matterstream）**として生じる、原子…粒子…化学物質などがそうだ

> そして**生命の流れ（lifestream）**となる、植物…虫…爬虫

類…哺乳類などがそうだ

最後に**魂の流れ**（soulstream）となる…　精神の非空間的次元を体験する感覚をもった生物だ

進化は宇宙の時間の流れの中で、植物よりもより個体性の強い時間の流れになっていった

人間は植物よりも個体性と自立性が強い…　植物は化学物質よりも個体性と自立性が高い

個々の時間の流れは、宇宙の時間の流れから**個体化**によって進化を進める　だが進化プロセスにはもっと多くのことが起きている

新しい可能性はそれまでに実現してきたものの上に築かれていくことで実現していく　こうして時間の流れは複雑性を増しながら進化する

移りゆく瞬間においてある時の流れが創発し、まだ創発しつつある時流たちを大きな全体性に統合する

私はこのプロセスを「個の統合」と呼ぶ

個の統合の一例は水だ、前に存在している水素と酸素とい

う要素を混合させてより新しい創発レベルで新しい何かを
生み出す

他の例は多細胞生物の創発だ、たくさんの単細胞を組み合
わせてこれまでよりも新しい創発的な生命体を実現する

進化は時流がより特徴的な個体へと**個体化**し、さらに大き
な全体性へと**個を統合**していくプロセスである

進化の中で個の統合が進んだレベルとそれより前の創発レベル
との関係を説明するために、統合哲学者ケン・ウィルバーが用
いた偉大なフレーズに発展させると、こう言える…

個の統合が進んだ時流は、その前から存在し土台となって
いる前の創発時流を変容させ、包含する

ということは、こう言える…

H2Oは水素と酸素を**超越し包含**する…　水素と酸素は水
に**先行し**水の土台である

多細胞生物は単細胞を**超越し包含**する…　単細胞は多細胞
生物に**先行し**土台である

個体化と**個の統合**のプロセスを通して初源的可能性はもっと

もっと独立性をもった時流へと進化してきた…　そして多種多
様から成るこの精緻な宇宙を創造してきた

3.4　客観的・主観的進化

すべての個の時流はもっとも原始的な物質の流れも含め、主観的なものであり同時に客観的なものとして理解すべきだということを前に提案した 2.8

> **客体として**の時流は他者が解釈する情報の流れである…そして**主体として**の時流は受け取る情報を識別し、それによってその時流と環境との関係性が決まる

科学的客観主義者は現実を客観的にとらえる　だから彼らが説明する進化のプロセスは完全に客観的である

> だが、すべての時流は主観的であるのと同じくらい客観的なので、進化は主観的にも客観的にも起きていると理解する必要があるだろう

どういうことか説明しよう…

> 原子や化学物質や単細胞といった原始的で客観的な形態が徐々に進化し、人間の身体という複雑で客観的な形態になった

　　同様に原子や化学物質や単細胞による単純で主観的な識別
　　は徐々に進化し、私たちの感覚を介しての主観的で意識的
　　な世界の識別となった

「経験」という言葉を用いる際、私たちの知っている意識的体
験を進化させるために、より基本的な識別形態を含ませたくて
遡及的に用いている場合は、経験という言葉の前にアスタリス
ク「＊」をつける…　つまりこう言うことができる

　　すべての個の時流は客観的情報と主観的＊経験の流れであ
　　る

これは現代の偉大な疑問の一つに対処する際に役立ってくれる

　　意識はどこから生じているのか？

客観主義者の視点では客観的世界があり、ある時点で脳の進化
の副産物として主観的意識が生じたという…　私の視点はこう
だ

　　主体としての進化のプロセスは単純で、前意識的な識別形
　　態からもっと複雑で意識的な識別形態へ向かって徐々に進
　　んでいる

　　原始的時流の前意識的な＊経験は私たちの意識的経験へと

進化してきた

前意識的な主観性は、意識的な主観性へと進化してきた

だが、たとえ主観性が意識的になっても、ほとんどの*経験は
無意識のままだ

意識は波頭のようなもので、その根底には膨大量の無意識
が情報を処理している

いま私の意識には感覚的経験の流れがある、だが私は無意
識にもっと多大量の感覚情報を取り込んでいる

同様に私の意識的思考は私の無意識マインドの継続的な潜
在意識活動から生じる

3.5　創発する現実

科学ドキュメンタリー番組では、ビッグバンのCG画像という
と闇の中に巨大な爆発を起こして原始的粒子が広大なきらきら
輝く星雲に変わっていくイメージが映されるものだ…　だが実
際はまったく違う

　　誰かがもしそこにいて観察していたとしたら、宇宙の形成
　　はどのように映ったであろうかと私たちは想像しているの
　　だが…　そこでビッグバンを観察している人などいなかっ
　　た

　　宇宙の初期に存在していたのは素粒子の客観性と主観性だ
　　…　これは思い描こうにも想像しづらいので映画のように
　　はいかない

地球上の生命の歴史の初期、感覚動物が進化する前の頃という
と、私たちが想像するのは広大に地上を覆う若緑色の植物だ…
だが実際はこうではなかった、なぜなら目はなかったのだから
「緑」もなかったのだ

　　植物が進化の最先端だった…　植物が互いをどのように

*経験していたかを想像するのは困難である…　だが互いを「緑」と見ていないことは確かである

色は光があらゆる周波数で振動するところを見るという経験である

「緑」は目の進化に伴って現われた…　植物の生命の流れの客観的情報がこの特定の色を経験すると主観的に解釈された時だ

つまり私が示したいのはこうだ…

現実は主観的に*経験として解釈されている客観的情報である

つまり知覚されていない客観的現実はないということだ

典型的な哲学的疑問がある

森の中で木が倒れる時、そこでそれを聞く人がいなくても音は生じるのだろうか?

私は、答えは「NO」だと思う

ある情報があり、耳をもった生物がもしそこにいたら、そ

れを主観的に音として解釈する可能性はある…　だがいな
いのであれば、そこに存在するのは森の残りの部分によっ
て他の方法で解釈されている情報である

つまり原始の森には緑の葉はなかったことを理解せねばならな
い、目は存在していなかったからだ、そして木が倒れる音もな
かった、耳は存在していなかったからだ

目と耳が進化した時、光景や音の存在が始まったのだ

私が言いたい重要なことはつまりこうである…

現実は創発する

つまり進化のプロセスを通して存在の新たなクオリティは
それ以前に起きたものに基づいて創発する

時流は新しい主観的および客観的可能性を実現させながら、主
観的および客観的に進化してきた

ある一定の時点で感覚が創発し、存在は色や匂いや光景に
満ちた新しい世界になった

これがついには想像の体験という新たな経験の創発に繋
がっていった

感覚から精神が創発したときのことを見てみよう…

　　進化のプロセスのある時点で、ある生命の流れが実際に見
　　ていなくても見るという体験を再現する能力へ発展した…
　　想像である

　　想像は、まったく新しい現実の特徴という感覚体験から進
　　化した…　これを私たちは精神あるいは魂と呼んでいる

想像が創発すると、概念を使って思考する能力が進化を始め、
そのおかげで私たちは世界を新しい方法で考えることができる
ようになった…　これはつまり私たちが経験している客観的情
報を新たな視点から解釈できるようになり、この新しい視点は
存在に新たな現実知覚をもたらした

　　想像の創発により、私たちは過去と可能性を概念化できる
　　ようになった…　これまで起きたことを思い出し未来を思
　　うようになった…　後悔し投影し…反復し計画し…**人生を
　　ストーリーとして理解する**ようになった

「ストーリー」は存在の**魂レベル**で創発する特徴である、視覚
や聴覚が存在の**生命レベル**で創発する特徴であるのと同じこと
だ

　　ストーリーの創発の後に続いたのは感情劇、ユーモア、嫉

妬、理想主義、宗教、将来性、英雄的行為、嘘、非難、美的感覚、政治、叡智、合理性、科学、称賛、愚劣などなど…すべては物語の理解と共に生じる

魂の創発までに138億年がかかった、だがいまは進化の最先端である

私の人生において人間の身体はさほど進化していない、だが私の魂はほぼ確実に進化している

魂が行動を起こすのである

3.6　生命世界と魂次元

本書の初めに私たちは現在の現実を観察して２種類の経験を目撃していることを認識した 1.4

一つは私たちが感覚を介して知っている三次元の物質世界…　二つ目は非空間・非物質の想像の領域だ

進化のプロセスにおいて初源的潜在力は存在がこの二つの特徴的なレベルで創発してきた、これを「生命世界」と「魂次元」と呼ぶことにしよう

私たちの身体は生命の世界に住んでいるが、精神は魂次元を体験している

魂次元は存在の非物質レベルであり、物質的な生命世界を**超越する**、これを私は「超生命（translife）」次元と呼ぶ

いまあなたと私は超生命の魂次元で繋がっている

いま私は私の想像の中にある非空間的概念をあなたに伝えている…　そしてあなたはあなたの想像の中で私の言葉の

意味を解釈している

私たちは生命世界を**自然**として、魂次元を**文化**として集団的に体験している

　自然から文化が創発すると共に生命世界から魂次元の進化が起きた

　文化は自然を超越し自然を包含する…　自然は文化に先行して文化を支えている

文化は感覚世界に影響を与えるが本当に感覚世界の中にあるわけではない

　世界に存在する人間の作り物は文化を**象徴**している、だが文化の本質は精神の中に存在する概念である

　キリスト教の十字架などの所産には文化的重要性しかない、私たちはマインドの中でその意味を理解するからだ…　十字架そのものは単なる木製の十字に過ぎないのだから

だが、超生命の魂次元は私たちの文化的概念よりも遥かに大きい

　それは想像の創発以来徐々に形を成していった、それまで

とは異なるレベルの現実である

私はこのように物事を見るようになった…

時流は初源的潜在力の中で膨張していく過去の蓄積である… そして進化のプロセスを通してそれは生命世界、そして魂次元として創発した

生命世界の膨張した過去は、私たちの感覚世界の体験を定義する

魂次元の膨張した過去は、私たちの想像による超生命世界を定義する

通常、私たちは存在のこの両方のレベルを一緒に経験しているだが私たちが超生命の魂次元に全気づきを向けると、想像の非物質領域の壮大さと無限性が見えてくる

歴史上、人々はいつもこの魂次元をあらゆる方法で探究してきた

私自身も瞑想、シャーマニックな旅、神秘のワーク、感覚の麻痺、熟考、ドリームワーク、アヤフワスカのような幻覚性パワープラントなどを使って魂の探究を行ってきた

自分の冒険を通して、私以前の多くの探究者がそうであっ
たように、魂次元は生命世界と同じく広大で豊かであるこ
とを発見した…　もしかしたらそれ以上かも？

3.7 還元主義と創発説

科学的客観主義は、現実の理解について還元的アプローチを採用していることは前に伝えた通りである **1.2**

　　還元主義は、高い創発レベルの存在を低い創発レベルに還元することで説明しようとしている

その結果として共通的に主張されているのは…

　　精神は、**単なる**脳内神経の発火である

　　人間の感情は、**単なる**体内の化学物質である

　　人の個性は、**単なる**DNAの産物である

このように「単なる」という言葉が使われている時は、おそらく還元主義者の理解であることを示すサインであろう

　　還元主義は世界を理解するために役には立つが…時流は、進化プロセスを通して創発性の低いレベルに還元できない時流をもっと創発性の高いレベルに向かって個体化させて

　いることは認識できていない

創発説は還元主義の反対である

　創発説は過去が蓄積するにつれ新たなレベルの存在が創発
　すると提示する、だからより創発性の高い時流はそれを構
　成する要素よりも偉大である

創発性レベル（levels of emergence）の高い進化は、それに
先行し支えている低い創発性レベルを**超越し包含**すると前に述
べた 3.3

　つまり、植物を化学的要素だけで調べてもその植物を理解
　することは不可能だ　なぜならそれは統合された全体性と
　して機能する植物は生物学レベルをもってして成り立つか
　らだ

　**生命は物質を超越する…　よって生物学を物理学に還元す
　ることはできない**

　私たちは自分の信念を調べるだけでは身体の機能を理解す
　ることはできない、なぜなら信念は私たちがマインドの中
　での現実の捉え方によって生じるからだ

　魂は生命を超越する…　よって精神を生物学に還元するこ

とはできない

進化のそれぞれの創発レベルはそれぞれのレベルで理解せねばならない、低い創発レベルに還元して理解してはいけない

何年も前にまだ私が学校に行っていた頃、原子は物理の法則に従って互いにぶつかり合うビリヤードの球のようなものと想像するのが流行っていた…素晴らしい例えだと思う、還元主義の不適切さが実際に見てとれるからだ

すべてのビリヤードの球の運動と力を把握してそれぞれの結果を完璧に予測したとしても、あなたが目撃しているものを理解することはできないだろう… なぜならビリヤードゲームを理解するためには勝ちを決めようとする私の意図を把握せねばならず、この意図は原子の中ではなく魂の中にあるからだ！

3.8　最初のスピリット

ここまでは進化する宇宙の科学的宇宙論の新しい見方を伝えて
きたが、これからそれを永続的な霊的洞察の新たな理解と統合
していこう

　　これを円滑に進めるために、歴史上多くの哲学者たちがよ
　　く使ってきた言葉を採用する、初源的潜在力を「スピリッ
　　ト」と呼ぶことにする

　　「スピリット」という言葉を使うとき、それは単に「エッ
　　センス（本質)」を意味する…　「エッセンス」という言葉
　　はラテン語のesse、「to be 在る」という意味である

　　スピリットは純然たる存在（being）であり、他には一切
　　のクオリティを持たない…　なぜならすべての存在のクオ
　　リティは進化のプロセスを通して創発するものだからだ

私はこのように見ている…

　　宗教は宇宙の源は神だという…　それが初源的主体である
　　という

科学は宇宙の源は初期特異点だという…　それが初源的主体であるという

創発スピリチュアリティは、宇宙の源はスピリットの初源的潜在力だと捉えている…　それは主体でも客体でもない

スピリットは**非二元の存在**である…　客観的情報として、かつ主観的体験として生まれる

よって私があなたに伝えたい大きな概念はこうである…

スピリットは自らを宇宙として**実現している**

スピリットは存在するすべてのものを通してその無限の潜在力を表現している…　そこにあなたも私も含まれている

まとめ

3.1 ゼロの瞬間
存在するすべての源は、存在するすべての潜在力である

ゼロの瞬間に初源的潜在力は進化する時流として創発した　この進化する時流を通して潜在力は実現化し続けている

3.2 拡大し続ける時空
宇宙は潜在力の中で膨張している過去である

3.3 個体化と個の統合
宇宙の時流は時流を分岐させることで進化していく　分岐した時流はもっと高次の創発レベルでもっと偉大な全体性へと個から統合されていく

個の統合が進んだ時流は、それに先行し土台となる創発性の低い時流を超越し含有する

3.4 客観的・主観的進化
客観的には身体はそれより未発達な客観的時流から進化

した情報の流れである

同様に、私たちの主観的意識の体験はそれより未発達な前意識経験から進化している

3.5　創発する現実

進化のプロセスを通して存在の新しいクオリティはそれ以前に実現されたもの基づいて創発する

感覚は存在の生命レベルの新しく創発した特徴である

ストーリーは存在の魂レベルの新しく創発した特徴である

3.6　生命世界と魂次元

存在はまず私たちが感覚で経験する生命世界として創発し、その後、私たちが想像として経験する超生命の魂次元として創発してきた

自然は生命世界であり文化は魂次元に存在する

生命世界の蓄積した過去は存在レベルの私たちの経験を定義する

魂次元の蓄積した過去は存在レベルの私たちの経験を定

義する

3.7 還元主義と創発説

還元主義は、複雑な時流はそれより単純な、その要素の時流に還元することで理解できると説く

創発説は創発性の低いレベルに還元するのではなく、それぞれの創発の進化レベルをそれぞれのレベルにおいて理解する必要があると説く

3.8 最初のスピリット

スピリットは原初の潜在力であり時流として創発する

スピリットは非二元性の源で客観的情報および主観的*経験として生じる

スピリットは自らを宇宙として実現している

4 身体、魂、スピリット
BODY, SOUL, SPIRIT

ここまで私は「創発スピリチュアリティ」と呼ぶ過激な世界観を探求してきた　これは科学知識と霊的叡智を包含する観点である

この章ではこの新しい視点から人間のアイデンティティを探求し、私たちが身体と魂とスピリットとして存在しているという伝統的な霊的概念の新たな理解方法をお伝えしたい

科学的客観主義者達は、魂は脳の単なる副産物に過ぎないという　だが身体と魂はそれぞれに私たちの明確なアイデンティティのレベルである

そこでスピリットの神秘的な性質を見ていこう　そして霊的目覚めの体験はいまや進化の最先端であることを示したい

4.1　精神と脳

現在の現実を調べると、私たちは生命世界と魂次元というそれぞれに異なる二つの存在レベルを経験していることがわかる　私たちは身体と魂として存在している 3.6

　この二つのレベルは私たちを成しているが、この二つのレベルの関係性はどんなものだろうか？

脳と精神は緊密に繋がり合っていることは明らかだ

　もし身体が睡眠薬を摂取すると精神は睡眠を体験する…　私たちが思い出したり話したりするとき、脳のあらゆる領域が活発になる…　もし神経症的症状が起きたら、私たちは一定の知能を失う可能性がある

　この証拠に基づき、客観主義者達は私たちの魂の体験は脳の副産物だと考えている

伝統的に霊性は反対の視点をとっており、身体と魂はそれぞれに私たちのアイデンティティの固有のレベルだと教えている…　だが前世紀には霊的な人々の間でもこの視点は疑問視されてきた

身体、魂、スピリット

マインドと身体の二元性について問題とみなされたものを
解決しようとする動きの中で、霊性と治療に対する多くの
現代的アプローチは、精神と身体は実は一つの本質的統合
体の二つの側面ではないかと言っている

これは魅力的なアプローチだ、だがそうすると魂は身体の死後
も生き続けるという最も重要な霊的概念の一つを図らずも否定
することになる

もし魂と身体が本質的に同一のものだとしたら、身体の死
とともに魂も死ぬことになる

創発スピリチュアリティの新しい視点から、身体と魂の関係性
を見てゆきたい　それは身体と魂は創発レベルで関連があるが
同一のものではないという視点である

このような視点から、後ほど探究するが、魂は身体の死後
も生き続けるという考えは完全に理に叶っている

4.2　肉体の流れと魂の流れ

現在の現実に細心な注意を払って身体と魂の関係性を見ていこう…

　　あなたはこの二種類のとても明確に独立した経験を目撃していることに意識を向けてほしい…　一つは感覚の流れ、そしてもう一つは想像の流れである

　　感覚の流れはこの世界で身体として存在している経験

　　想像の流れは精神の非物質・非空間の経験である

身体は生物学的な生命の流れで、古代ギリシャ語の「身体」にあたる言葉を用いてこれを「身体の流れ（somastream）」と呼ぶことにしよう

　　あなたは感覚の流れを「身体（ソーマ）の流れ」としていま経験している

精神は存在の創発性のさらに高いレベルで「魂の流れ」と呼ぶものである

あなたは想像の流れを「魂の流れ」としていま経験している

精神はよく身体の主観的側面と想定されている…だが私はそこに異を唱えたい

実際は私たちの精神の経験はこの世界での身体としての存在とはまったく別のもののように私には思える

もう一度この二つの経験の別々のレベルを意識して考えてこう考えてみてほしい…

ソーマの流れは主観的には**生命世界の感覚経験**の流れである

魂の流れは主観的には**超生命次元における想像的経験**の流れである

これに相関することとして…

ソーマの流れは客観的には**生命世界における物理的情報**の流れである

魂の流れは客観的には**超生命次元における魂の情報**の流れである

つまり私が示したいのは…

　　ソーマの流れは、主観的にも客観的にも三次元の生命世界
　　の中に存在している

　　魂の流れは、主観的にも客観的にも非物理的な超生命次元
　　に存在している

精神は身体の主観的側面ではない、身体の主観的側面は私たち
の感覚経験だからである

　　精神は、主観的にも客観的にもそれぞれの創発レベルで存
　　在している

　　身体の流れと魂の流れは、主観的経験と客観的情報のそれ
　　ぞれに個別に存在する流れである

4.3　客観的な魂-情報

通常、すべての客観的情報は感覚の世界に関連していると想定
されている…　だが私には別にもう一つの客観的情報があるよ
うに思える　それは感覚による解釈はなされていない　なぜな
らそれは物理的情報ではないからだ

　　この創発レベルのより高い客観的情報は**魂-情報**であり、
　　精神によって解釈されている

よって私はこのように提示したい…

　　客体としての魂の流れは、私たちを非局所的に繋ぐ非物理
　　的情報の流れである

どうやら私たちは日常生活において、常に客観的な魂-情報を
受け取り解釈しているらしい

　　これは主流文化ではほとんど認識されていない　なぜなら
　　私たちの現在の科学的世界観ではつじつまが合わないから
　　だ…　だが実際、私たちはお互いに会うと互いの魂-情報
　　を読み取っている

　　一般的には私たちは魂情報を無意識に拾っている　だがそ
　　れも互いの関わりに深遠な効果を与えている

当然、互いから拾う情報の中にはボディ・ランゲージと嗅覚の
化学物質に関係しているものもある

　　だが私たちは実体のない情報も受け取って処理しており、
　　それは直感的な魂リーディングに繋がる…　これを私たち
　　は「エネルギー」などと漠然とした表現をしている　この
　　領域について現時点では適切な語彙はまだ無いからだ

前に、存在は生物学的生命として創発し、それから超生命魂次
元として創発すると話した 3.6 …　私たちは、この両方のレ
ベルで途絶えることなく相互に関わり合っているということだ

　　私たちは生物学的生命世界で客観的に情報を伝え、主観的
　　に情報を読んでいる

　　また私たちは超生命魂次元でも情報を伝え、主観的に情報
　　を読んでいる

私たちの感情、気分、望み、恐れ、意図は私たちが繋がってい
るすべての人に精神的影響を与える

　　この魂−繋がりは私たちが物理的に繋がっていなくても起

こる、なぜなら私たちは魂-情報を魂の次元で非局所的に伝えており、つまり三次元空間を超越するからだ

非常に多数のありとあらゆる「サイキック」経験が報告されているのは、この非局所的な魂の繋がりが生み出しているのだと私は提示したい

そのような体験は非常によく起きているにもかかわらず、主流科学はそれを妄想として退けている… 科学的客観主義者は**感覚客観主義者**だからだ

彼らは感覚を通して読み取れない客観的情報の可能性を受け入れることはない、それは魂のもっと創発性の高いレベルに存在するからだ

哲学者である私は疑問を向けることは大好きだが、あまりにも多くのサイキック体験を経てきたのでその存在を疑うのは非合理と感じる

私はそういった体験を合理的に説明できる方法を見つけることの方に関心がある… だから後でより詳しく見ていこう

4.4　創発レベルの関係性

身体と魂はそれぞれに明確に存在しながらも、どのように互い
と親密に影響を与えあうのだろう？

　　　身体（ソーマ）の流れと魂の流れは同一ではないと私は提
　　　言したい…　発生レベルで相関しているのだ

この関係性を理解するために、まず異なるレベル同士の別の創
発関係を考えてみよう

　　　生物学的身体とそこに含まれている物理的化学物質は、そ
　　　れぞれに独立した創発の進化レベルで存在している

これまでの創発の探究 3.7 3.8 を元にこのように言えるだ
ろう…

　　　生物学的な身体（ソーマ）の流れは化学的な物質の流れを
　　　超越し包含する、そして化学的な物質の流れは生物学的身
　　　体（ソーマ）の流れに**先行し土台**となっている

この創発上の関係性はつまり、創発の一つのレベルは他の創発

レベルで起きることに影響を与えうるということだ

化学的な物質の流れは生物学的な身体（ソーマ）の流れに深い影響を与え得る　死に至る可能性もある

反対に、生物学的な身体（ソーマ）の流れは化学的な物質の流れに影響を与え得る、たとえば心臓を通して酸素は全身に送られている

化学物質は物質の流れであり身体は生命の流れである…よって両者は同一ではないが**創発レベルで相関している**

同様に、魂の流れと身体（ソーマ）の流れというより高次なレベルでの創発相関性もある

魂の流れは身体（ソーマ）の流れを超越し包含する、そして身体（ソーマ）の流れは魂の流れに**先行し土台**となっている

つまり身体（ソーマ）の流れで生物学的な変化が起きると魂の流れに深い影響を及ぼすことになり、精神疾患になったり昏睡状態に落ちることもある

反対に、魂の流れは身体（ソーマ）の流れに影響を与える、たとえばいまも私の非物質的な意図は身体的に私の指を動

かし言葉を打っている

身体的な身体（ソーマ）の流れと超生命の魂の流れはそれ
ぞれの創発レベルとして独立している…　よって両者は同
一ではないが、**創発レベルで相関している**

この創発性の関係性は、いまあなたがこの本を読んでいるとい
う体験でも明らかだ

あなたはこのページについている印を眺めながら、頭の中
でそれを意味を持つ言葉として解釈している…

あなたはこの生命世界での感覚体験を、魂の次元に存在す
る複雑な概念として解釈している

まさにいま、あなたは魂の流れがそれに先行し支えている
身体（ソーマ）の流れを超越し包含するという体験をして
いるのだ

私たちは身体と魂はそれぞれに別の二つのアイデンティティの
レベルであることを本質的に知っていて、主に魂を自分だと
思っているように感じられる…　ここに面白い例を挙げるので
考えてみてほしい

身体が入れ替わるという映画はたくさんある、他の人の身

体の中に自分の精神が入ったらどうなるかというものだ…
だが自分の身体に突然、他人の魂が入ってくるというふう
には決して想像しないのだ！

私たちはアイデンティティを身体よりも魂に見出している、な
ぜなら魂は私たちのアイデンティティのより創発性の高いレベ
ルであり、創発性の低い身体を超越し包含していることを直感
的に認識しているからだ

4.5　経験者

これまで身体と魂を探求してきたが、私たちのアイデンティティは多次元的でもっと深いレベルのものもある、それを調べよう…　では現在の現実を見て考えてみてほしい

いまあなたは感覚の流れと想像の流れを経験している…　だが誰がもしくは何がそれを経験している経験者なのだろうか？

身体は経験者ではない…　身体はあなたが経験している何かである

精神は経験者ではない…　精神はあなたが経験している何かである

あらゆる霊的伝統がこの神秘的な経験者にいろんな名前をつけている、「アートマン」「仏性」というふうに…　西洋では「スピリット」と呼ばれている

スピリットはあなたの本質の存在であり、あなたは深い部分でそれが存在していることを知っている

スピリットはあなたの「わたしは在る（i am）」という感覚で、あなたのすべての感覚経験と想像経験の背景に普遍的に存在している

では、現在の現実を調べてこれを考えてみよう…

スピリットは見るという経験をしている…　だがスピリットを見ることはできない、スピリットに色はないからだ

スピリットは聞くという経験をしている…　だがスピリットを聞くことはできない、スピリットは声を出さないからだ

スピリットは想像するという経験をしている…　だがスピリットを想像することはできない、スピリットは概念ではないからだ

スピリットをあなたが経験している感覚と想像の流れの中に見出すことはできない…　スピリットは在るという以外の何のクオリティもないからだ

すると深遠な霊性のまさに中心で大きな気づきが起こる…

あなたの本質的**存在**には形がない

　経験者は形を持たない存在で、感覚と想像の流れを目撃している

あなたは進化し続ける時流を経験している形のないスピリットである

4.6 スピリットの中で一つ

前に私は初源的潜在力の中で時流が膨張し続けていると説明し、これを「スピリット」という言葉で表した 3.8

　　霊性の偉大な教えの一つが、**私たちはスピリットの中で一つである**ということ

創発スピリチュアリティの視点からこの素晴らしい概念を理解するに至った経緯がこうだ

　　ゼロの瞬間に、時流はスピリットという形のない潜在力の中で膨張を始める

　　スピリットはあらゆるすべての個々の時流を通して自らを具現化しており、これが宇宙となっている

　　すべての時流は客観的には情報の流れである…　そして主観的にすべての時流は経験の流れである 2.7　2.8

　　つまりスピリットはすべての進化している時流を通して宇宙として客観的に具現化している…　そしてスピリットは

主観的に、すべての進化し続ける時流を通して宇宙を経験
している

以下はあなたに伝えたい私の大きな概念である…

スピリットはすべてとなる自らを経験している…　原子か
ら植物へ、カエルへ、キリンへ、あなたや私へ

スピリットはすべての*経験の流れの**経験者**である

これを理解すると驚異の認識に至る…

あなたはある特定の魂の流れを経験しているスピリットで
ある

私は異なる魂の流れを経験しているスピリットである

私たちは個々の魂である…　だが**スピリットの中では一つ**
である

前にあなたはあなたの生命であると伝えた、なぜなら一つの魂
の流れとしてあなたはこれまで主観的に経験してきたすべてで
あり、かつあなたが世界に提示してきた客観的情報のすべてで
あるからだ 2.9 …　するとこの概念をもっと深く理解するこ
とができる

あなたや私を別の個体として存在させているのは何かというと、私たちは異なる人生を経験しているスピリットだということ

4.7　気づきの存在

あなたの本質的性質はスピリットであり、あなたはそれを**経験者**の存在として経験している 4.5

　　この経験者を表す現代語として「気づき（アウェアネス）」という言葉を使うことにしよう

　　気づきはあなたが感じているもの、想像しているもののすべてを目撃している

　　それはあなたの常に変わり続ける経験のすべての永久的背景である

あなたのこの本質的な性質である気づきをぜひ意識してみてほしい

　　経験者を見ることも聞くことも触れることもできない…だからあなたの経験の中で気づきの存在を探さないことだ

　　気づきは私たちの**経験の外側**にいる形のない存在である

前に客観的現実は情報として存在しそれを私たちは一見、固形物質でできているように見える世界として解釈していることを見てきた 2.6

　いまこの瞬間にあなたが経験している世界は実際は形のない気づきの**中に姿**を表す一連の見掛けであることを意識してほしい

あなたは、ある特定の経験の流れに意識を向けている気づきである

　だがもし注意をあなたの元の本質的存在へと下ろしていくとワンネスの深い感覚が生じ始めるかもしれない…　なぜならあなたの存在の深いところでは、あなたはすべてをいまあるがままに具現化しているスピリットだからだ

4.8　あなたの多次元のアイデンティティ

私たちはスピリットを「わたしは在る（i am）」と深く知っているものとして経験する 4.5

　　だが私たちはよく「わたし」という感覚を身体と結びつけている

私はこれについてこのように捉えている…

　　進化のプロセスで意識は初めに感覚の経験として創発する…　そのため「わたし」は身体の中にいる感覚の**中心だ**という身体的感覚がある

　　魂の次元が進化するとこの「わたし」の感覚は精神と結びつくようになる…　どこであれ私たちの**注意の中心**を動かせる能力と特に結びつける

　　そしてもし私たちが霊的に目覚めると「わたし」の本質的性質を形のない気づきとして認識する

よって私たちはこれら三つのレベルで「わたし」の感覚を経験

する…

感覚の固定された中心は身体の私

注意の流動的な中心は魂の私

スピリットの深い私には中心がない、それは形のない気づきだからだ

あなたの多次元的なアイデンティティのあらゆるレベルにある「わたし」という感覚をあなたはあらゆる形で経験している、それをぜひ探究してみてほしい、まずは身体から…

あなたの身体に根差しているという感覚のあなた自身に意識を向けてほしい　この中心からあなたは世界を感覚でとらえている

特にあなたは頭の中から外を見ているという感覚がある、ここにあなたの目があるからだ

身体の私は空間の中で一定の場所を占めている

ではあなたのアイデンティティの魂のレベルに注意を向けてみよう…

あなたは注意の中心をいま経験していてそれは自在に移動
させることができることを意識してほしい

あなたの感覚の中心は身体の中にしっかりとあるが、あな
たの注意の中心は流動的である

あなたはその注意を生命世界や超生命の次元の経験の周り
を動かすことができる…　そして**どこであれあなたが注意
を向けた先にあなたは行く**

では注意を左足に向けてそこから頭頂まで移動させてみて
ほしい

足から頭まで注意が移動するのをあなたは感じただろう
か？

次に昨日やっていたことを思い出してほしい…　そして明
日しようと思っていることを想像してほしい

あなたの注意は現在の瞬間に限定されてはいない

魂の私は非局所的で空間の中には存在していない、だから
どこにでも行くことができる

最後に形のないスピリットとして存在していることを意識して

ほしい…

あなたが経験していることに注意を向けるのではなく、経験者であるという意識になるのだ

あなたは本質的にあなたの経験の中に存在していないということを意識してほしい

あなたは生じてくる感覚の中にいる形のない気づきである

スピリットの私は、空間的に広がった存在で世界を包み込んでいる

4.9　霊的目覚めの創発

私たちがスピリットとして本質的アイデンティティを深く意識するようになると、私たちは「霊的目覚め」を経験する

　　目覚めは社会で流派を作りたいがための単なる幻想ではないことを先に伝えた…　それは意識の重要な創発状態である 1.3

進化のプロセスを通してスピリットの潜在力はより創発性の高い形で自らを実現させてきた

　　物質の流れは生命の流れへと進化しそして魂の流れへと進化した

　　私は、現在の進化の最先端は霊的目覚めの創発であることを示したい

十分に進化した魂の流れを通して、スピリットは自らをスピリットとして意識しつつある

　　スピリットはまず感覚の経験を通して意識的になった…

そして想像の経験を経て…　いまスピリットは自らを形の
ない経験者として意識しつつある

この新たなレベルの進化がいつ始まったのかは、はっきりとは
言い難い

だがまず霊的目覚めは少数の神秘論者達にしか到達できな
かったことは明らかなようだ　彼らはこの新たな創発状態
を育むために人生を捧げていたのだ

過去において、霊的目覚めのためには形のないスピリットの意
識に集中するために感覚世界を拒絶し、隠遁生活に入ることが
必要だった

いまは魂の深さを探りスピリットの意識を得るために感覚
世界を拒絶する必要はもはやないのであろうと私は思う

一つの創発のプロセスがこれまで存在し、それを通してこ
の新しい状態は徐々に簡易化し、すべての存在が到達でき
るようになったのだ

4.10　深い目覚め

私は生涯を通して霊的目覚めの経験を探究してきており、いまは世界中で「深い目覚め」と私が呼んでいる状態に人々を導いている…　そこで、その目覚めた状態とは私にとってどういうものかを少しお伝えしたい　そしてこの本を進めるにつれ、この経験のあらゆる要素を解明してゆきたい

　　私が霊的に目覚めている時は、すべてと一つであるという素晴らしい感覚がある　私のアイデンティティの深さとしてスピリットとの一体性が意識に上がるからだ　そのスピリットは、存在するすべてとして自らを実現しているのだ

　　それにはすべてを受け入れている愛の感覚があり、私たち人間の人生には重要であること、最も大切なのは私たちが限りなく愛するようになることだということを確信させてくれる

　　私は、伝統では**グノーシス**と呼ばれている直観的な**深い知**を経験する時、生命は本質的に安全であり、死は存在の終わりではないという揺るぎない確信が起こる

　　私の人生は奇妙な夢のようなものになり、魔法のようなシン
　　クロニシティであふれるようになる、だからものごとは
　　理由があって起きているという感覚である、人生が私を導
　　き教えてくれているからだ

こういうと幼稚でうぶに聞こえるだろう、だが私の目覚めの経
験から生じる一番奥深くの直感を本質的に説明するとこうなる
…

　　人生は良い…　死は安全だ…　本当に大切なのは愛である

創発スピリチュアリティの根本原理を明瞭に伝えようという気
になったのは、こういったシンプルな洞察によって実際に最も
深遠な真理を伝えることが可能であるということを私に理解さ
せてくれる世界観を求めてきたからである

　　私は私のハートが既に知っていることを知性レベルで信頼
　　させてくれるような、堅固な根本原理が必要なのだ

まとめ

4.1　精神と脳
科学的客観主義は、精神を身体脳の副産物だと捉えている

世界中の霊的伝統は、身体と魂はそれぞれに独立した私たちのアイデンティティのレベルだと教えている

4.2　肉体の流れと魂の流れ
身体（ソーマ）の流れと魂の流れは、主観的経験と客観的情報の流れとしてそれぞれに存在する

身体（ソーマ）の流れは、主観的かつ客観的に三次元の生命世界に存在している

魂の流れは、主観的かつ客観的に非物理的な超生命次元に存在している

4.3　客観的な魂−情報
魂の流れは客観的に非物理的な情報の流れであり、私たちを魂の次元で非局所的に繋いでいる

私たちは、いついかなる時も互いの魂の情報を読んでいる

4.4　創発レベルの関係性

身体的な身体（ソーマ）の流れと超生命の魂の流れは同一ではない、両者は創発レベルで相関している

魂の流れは身体（ソーマ）の流れを超越して包含し、身体（ソーマ）の流れは魂の流れに先行して支えている

4.5　経験者

あなたのすべての経験を経験している者、それがスピリットである

あなたは自分が存在しているという知識としてスピリットを経験する　このスピリットはあなたの他のすべての経験の背景である

スピリットを見たり聞いたり触れることはできない　スピリットには形はないからだ

あなたは本質として形のないスピリットであり、スピリットは経験の流れを目撃している

4.6　スピリットの中で一つ

スピリットは客体として、すべての進化を続ける時流を通して宇宙として具現化している

スピリットは主体として、すべての進化を続ける時流を通して宇宙を*経験している

私たちはあらゆる異なる経験の流れを経験しており、それか私たちを異なる個体として存在せしめている

4.7　気づきの存在

この経験者を現代の言葉を用いて呼ぶと「気づき」である

あなたは形のない気づきであり、その気づきの中にあなたの経験が起き続けている

4.8　あなたの多次元のアイデンティティ

身体の私は感覚の中心として身体の中に根差している

魂の私は流動的な注意の中心であり、あなたの感覚と想像の経験を自在に移動することができる

スピリットの私は形のない気づきであり、その気づきの中にあなたの経験が起き続けている

4.9 霊的目覚めの創発

私たちは、自分の本質的なアイデンティティはスピリットであるという意識になると霊的目覚めを経験する

進化の最先端はいまは霊的目覚めの創発である

4.10 深い目覚め

目覚めの状態とは、ワンネスそしてすべてを受け入れている愛の経験である

私の目覚めの経験から生じる最も深遠な直感は人生は良い、死は安全、本当に大切なのは愛であるということ

5 目的の進化
THE EVOLUTION OF PURPOSE

これまで魂の性質と霊的目覚めの経験を見てきたので、存在の目的について考察していく段階に入ろう

科学的客観主義は、存在に目的はないと考えている　だが私はこの想定に異を唱えたい

時流の性質には本来初源的な目的が備わっており、それはより創発性の高い目的へと進化してきているという私の考えを論じよう

5.1 潜在力の実現

西洋の宗教では、宇宙は善なる全能の神によって作られたという教えが伝統だった

　　この概念は常に哲学的な問題を抱えており、現代科学の発見によってこの概念はどんどん支持されなくなっていった

まず歴史を通して神学者達が直面したあるジレンマがある　それは「悪の問題」と言われるものだ…

　　これほどにひどい苦しみに満ちた世界を作った神を、善なる神だとは考え難い

それに前にも触れたが新しいジレンマがある 1.1 　私が「不条理の問題」と呼ぶものだ…

　　魂の創造に至る前に恐竜時代を何百万年間もかけて実験し、それが偉大な神の宇宙の目的を満たすことだったというなら、そんな神を正気とは思えない

私は生涯を通して愛に溢れる広大な存在に抱かれるという強烈

な経験をしてきた　そのため神は善良であるという概念には非常に惹かれる…　だが伝統的な創造主たる神の概念では、この科学の時代で功を奏しようがない

　科学は神を追放し、私たちは理由なくただ存在しているだけの宇宙に取り残された…　その結果、現代文化は魂の危機にさらされている 1.2

私は生命には深遠な意義があると直感しており、私が生命の深遠な目的と捉えているものを明確に説明するために創発スピリチュアリティという哲学を展開してきた

　客観主義者達は宇宙に「目的」があるという概念を嫌悪する　目的というと人間だけが持つもののように聞こえるからだ…　つまり、「神」と呼ばれる、時の始まりにいた大きな神聖な人（person）がいたという概念に引き戻されるらしい

　だが私は伝統宗教の視点と現代客観主義者の両方の視点に加えてもう一つの選択肢を提案したい

私が至った視点とは…

　目的というものは何らかの存在が持つ、あるいは持たないと考えるのではなく…　**存在そのものの中に目的は生来備**

わっているものだ と理解する必要がある

説明しよう…

時流は潜在力が実現化していくプロセスである

よって現実の初源的な目的は潜在力を実現することではないだろうか

過去の蓄積はこれが進化的なプロセスであることを意味する
よってさらにこう言えると思う…

存在の初源目的は**現状よりも創発性が高くて新しい可能性**を実現化することである

進化のプロセスこそが存在の目的なのだ

5.2 魂の形成

もし存在の初源目的が可能性を実現化することであるなら、これはあなたや私にとって何を意味するだろう？　私の考えはこうだ

　　あなたは一つの魂の流れである…　よってあなたの目的は一つの独創的な魂として形を成し、形のないスピリットの潜在力を実現化することである

　　あなたの生命の初源目的は**魂の形成**である

あなたが努めてそうする必要はない、もうすでにそれは起きているからだ…　説明しよう

　　あなたは過去でできた一つの魂の流れである

　　あなたはこれまであなたが経験してきたすべて、すべての行動・思考・感覚である…

　　あなたはあなたの魂の性格を常に形成し続けている…　新たな一瞬ごとに過去は蓄積していくからだ

あなたの人生はこれまで常に魂の形成のプロセスとして進んできている…　よってあなたはすでに存在の目的を果たし続けている、果たさないでいることなど不可能だからだ

そこで疑問となるのは以下だ…

あなたは魂の形成のプロセスが自分に起きてほしいだろうか…　それとも意識的に自分でそのプロセスを生み出したいだろうか?

あなたは最低限レベルの人生の目的を果たしたいだろうか…　それともあなたの魂を最高の形で形成するために最高の創発性レベルでその目的を果たしたいだろうか?

前に、進化の最先端はいま霊的目覚めの創発であることを伝えた 4.9 …　だから私にはこのように思われる

あなたの一番深い目的はあなたの一番深い潜在力を実現化することだ…　つまりあなたはスピリットであるという本質的性質に目覚めるということだ

あなたは自己を実現し続ける宇宙に生きている…　だからあなたの目的は**自己実現**である

だが明確にしておきたい、あなたの目的は単に目覚めることだ

と言っているのではない…　それよりももっと豊かなことだからだ

　　霊的伝統はよく、自己実現とはすでに在るものをあなたが
　　発見することだという概念を生み出す…　あなたの本質的
　　なアイデンティティはスピリットであると

　　だが自己実現はまだそこに存在していないものも生み出し
　　ている…　あなたの一番深い潜在力を個の魂の流れとして
　　リアルに作り出すからだ

よって私はこのように捉えるに至った…

　　あなたの目的は一番深い潜在力を実現化することである…
　　そこにはあなたはスピリットであるという本質的な性質へ
　　の目覚めも含まれている…　だがそれに加えて、あなた独
　　自の魂の潜在力をもっと遥かに高い創発性レベルで表現す
　　ることも含まれている

あなたという個の潜在力の実現化は創造的行動である、よって
これを行うための既定の方法はない

　　それはあなたがどんな行動をするか、に表れるかもしれな
　　い…　あるいはどのように人を大切にするか、に表れるの
　　かもしれない…　あるいは単に自分がこの世界でどのよう

に存在するかを決めるだけのことかもしれない

あなたはあなた独自の過去に基づき、個人としての魂とあなた独自の人生の道のりにふさわしい形で自分の潜在力を認識するのであろう

5.3　目的の創発レベル

これまで私たちの存在の目的は魂の形成であると話してきた
5.2 …　ここで進化という面から目的について見ていこう

　　私が示したいのは物質の流れとして、生命の流れと魂の流
　　れが新たに発生してきた…　存在の初源的目的として新た
　　なレベルへと進化してきたことだ

物質の流れの進化は、単純な初源的目的が、もっと高度な創発
性の新たな可能性を実現化することを実証している

　　これが豊かな物理的現実を生み出し、そうして進化プロセ
　　スを動かしている
　　それ以前に生まれ、築かれてきたものに続いて新たな物理
　　的存在が発生（創発）するのだ

一つひとつの物質の流れが統合して生命の流れになると、初源
的目的の新たな表現が創発する

　　これがダーウィンとウォレスが自然淘汰の概念で示した生
　　物学レベルの目的である

私の視点を説明しよう…

　　生命の流れはしばらく生きて死ぬ…　よってある特定の生命の流れが生存する限り、この創発レベルで潜在力を実現化するという初源的目的を果たすことができる

　　つまり生物学的な創発レベルでの存在の目的は**生存**ということになる

　　だがすべての個の生命の流れが永遠に生存することはない…　だから生命の流れは個が死んでもこの創発レベルで潜在力を実現化するという種の進化のプロセスを継続させるために**生殖**する

　　つまり生物学的レベルでの存在の目的は**生存と生殖**である

感覚生命体の創発と共に快楽と苦痛の経験的二分化が生じる、これが生存と生殖行為を促進し危険な行為を抑えることに繋がる

　　よって感覚生命体の存在の目的は潜在力の実現化をし…生存し生殖し…　快楽を感じ苦痛を避けるようになる

科学的客観主義者達は生物学的「目的」をいつもこのように論じている…　ここでさらにここから進んで、魂の進化と共に生

じるもっと創発性の高い目的を理解するというのはどうだろう

　想像が進化すると、生命についての概念的ストーリーを生み出せるようになる…　未来の意図も含めてだ　3.6

　よって魂レベルでは、目的はストーリーの中で実現されるべきゴールとして生じる

　そのゴールは物質的に安定することかもしれない…　あるいは信じられないほど裕福になることかもしれない…　あるいはコミュニティの中で一番になることかもしれない…　あるいは家族で王朝を築くことかもしれない

　これらのゴールは個人として生存し、人生の快楽を楽しみ、集団として継続するために生殖するために必須である生物学的事項の文化的バージョンである

　だがさらに魂が進化するにつれ、私たちの目的感覚は単なる生物的ニーズを果たすだけではなく、もっと多くを求めるようになった

　高貴な目的は慈愛、利他的行為、自己犠牲という特徴をもって創発を始める

よって魂の流れとしてあなたや私についてこのように言える…

存在の多次元的目的は潜在力の実現化であり…　生存し生
殖し…　快楽を感じ苦痛を避け…　私たちの特定の概念的
ストーリーのゴールに達成することである

進化プロセスを経て新しいレベルの目的が創発する、
創発性の高い目的はその前から存在している創発性の低い目的
の上に成り立ち、それまでの低い目的を超越し包含する

たとえば生存は私たちの文化的ゴールを支えている、なぜ
なら私たちが生存できなければ他の意図を達成することは
通常、不可能となるからだ

これは私たちの生命が脅威にさらされると、より創発性の
低い目的の方が高邁な大志よりも重要になるということだ

だが必ずしもそうではない…　より高邁なゴールが非常に
重要となると、人は大義のために死を厭わない時もあるか
らだ

5.4　進化する魂のストーリー

時流とは常に展開を続ける出来事の連なりである、そして私たちは人生を一つのストーリーとして経験する…　したがって、このように言える

ストーリーは時間の性質の中に生来備わっている

私たちは出来事の経験を魂の中の概念で解釈して一つの物語を作る

> 時流を形成しているこの出来事の連なりを「**人生-ストーリー**」と呼ぶことにしよう…　そして私たちの概念的物語を「**魂-ストーリー（soul-story）**」と呼ぼう

するとこう言える…

> 私たちは**人生-ストーリー**を理解するために**魂-ストーリー**を生み出す

私たちは感覚を使って客観的情報を解釈し、世界の感覚的経験を生み出しているということを前に挙げた 2.6

同じように、もっと精神性が高い創発レベルでは、私たちは魂-ストーリーを使って人生-ストーリーを解釈し、世界における私たちの物語経験を生み出す

そして私たちの感覚は知覚を明るみにすることもあれば制限を加える可能性もあるように… 私たちの魂-ストーリーは私たちの体験を明かす可能性と制限する可能性の両方を備えている

過去を変えることはできないため、人生-ストーリーで起きたことは固定されている
だが起きたことについて私たちが語る魂-ストーリーはいつでも変化する

私たちはより良い物語を発展させ、そのもっと良い物語を通して自分の人生を理解することで成長し、より賢明になる

私たちは人生の道のりのあらゆる時点で採用してきた複数の魂-ストーリーを変えていく、そしてその時々が個人の進化の道しるべとなる

だが私たちの魂-ストーリーは人生-ストーリーについての単なる注釈ではない、それ以上のものである

私たちの魂-ストーリーは私たちに目的感覚を与え、それが私たちの行動方法を左右する

存在の目的は進化している、これについては前に見た通りである 5.3

生物学的レベルでは**生命の流れの生態学**として生命の流れは互いに競争したり協力しながら生命世界で生存し生殖していることがわかっている

超生命の魂の次元が進化すると、あらゆる魂-ストーリーと共に魂の流れの生態学が創発する… 魂のストーリー達は存在の目的についてあらゆる解釈を果たすために競争し、協力し合っている

文化的進化の歴史は互いに競争し合う魂のストーリーの衝突によって成り立っている、古い物語の終焉と新しい物語の創発である

徐々に、もっと創発性の高い魂-ストーリーが進化してきている… それによって人生の目的をより深くから理解する、新らしい価値観が生まれてきた

近代まで、人間は赤ん坊が病気になったら自然にさらして死なせていた… だが今はそんなことはしない

生物学的な観点からいうと、すべての子供の生命を大切にすることは道理から外れている、なぜなら最強の者のみが生存し生殖した方が良いからだ

だが現代の魂-ストーリーは私たちにこの生物学的目的を超越させ、より慈愛的な魂の目的に向かわせてきた

前にスピリットの潜在力は物質の流れと生命の流れと魂の流れをより創発性の高いレベルで進化を通して実現化してきたと伝えた 3.5

進化のプロセスでは、一番深い潜在力は最後に実現化する

つまり普遍の慈愛のような進化した価値観を支える魂-ストーリーが創発するのは、無条件の愛国心のような原始的な価値観を支えるストーリーよりもかなり後である

したがって厳正な裁判、個人の自由、人種間の融和、性の平等といった高い創発レベルの価値観が広く受容され始めたのは、比較的最近のことである

もっと創発性の低い価値観を持った古いストーリーはまだ消えていない、そして創発性の低い魂-ストーリーと創発性の高いストーリーの間で、いまも衝突は続いている

だが歴史を全体的に見ると、私たちの魂−ストーリーはよ
り賢く優しくなっているのは明らかだ…　そして私たちの
目的感覚は深くなっている

| 5.5 | **無意識のワンネスと意識的なワンネス** |

あなたに伝えている魂-ストーリーは自己実現し続ける宇宙の
進化のストーリーである…　その本質的な物語がわかる一つの
方法を、ここにお伝えしよう

　　138億年の時を経て時流はスピリットの潜在力をもっと創
　　発性の高い形に向かって実現化し続けている

　　形のないスピリットの無意識なワンネスは個の時流として
　　創発し、より向上し、より意識的になる進化を遂げてきた

　　ついに霊的目覚めを経験するほどの、意識的な魂 – 流れ
　　が創発した

　　形のないスピリットは進化し続けるすべての*経験の流れ
　　であり、原子から植物へ、カエルへ、そしてあなたや私を
　　目撃している経験者である… 4.6

　　だから誰かが霊的に目覚めると、形のないスピリットはそ
　　の特定の魂の流れを通して自らは形のないスピリットであ
　　ることを知る

このストーリーの根底にあるシンプルなメッセージはこうだ…

　宇宙は**無意識のワンネス**から始まった自己実現の旅を歩んでいる…　意識的な個体性を通して…　意識的ワンネスへと向かっている

　初源スピリット（primal spirit）の無意識なワンネスは「基盤」でありそこから進化のプロセスが創発した

　深い目覚めの状態（deep awake state）にいる魂の流れが経験する意識的ワンネスは「空」であり進化のプロセスはそこに向かって到達しようとしている

| 5.6 | 愛の進化 |

霊的伝統では、目覚めはすべてをうめ尽くすワンネスとすべてを包含する愛の経験であると伝えている

> 私の経験では確かにその通りだ、なぜなら深い目覚めの状態にいると私は存在するすべてなるものとの深遠な繋がりを感じ、私が「深い愛」と呼んでいる無条件の慈愛があふれ返る感覚になるからだ

スピリットは形のない潜在力のワンネスである、だからスピリットへの目覚めがなぜワンネスの経験であるかは明確である… だがなぜ**愛**の経験でもあるのだろう?

> 愛は感覚である… だが感覚とは何だろう、なぜ愛はそこまで重要なのだろう?

私がどのように今の視点に至ったかを説明しよう、まず感覚の性質と、感覚はどのように複雑な感情へと進化したかを見ていこう…

> あなたや私は自分を特定の個人として、それ以外の現実と

の関係性において経験している…　だから私たちの人生の
経験は自己とそれ以外のものという根本的な二元性によっ
て特徴づけられている

私たちの感じ方は、自分以外のものへの生理学的反応であ
る…　私たちに起きること、私たち以外のものが私たちに
与える影響に対する反応である

生理学的な快楽/苦痛反応は最も原始的な感覚である…
これが発達し、恐れや幸せや怒りなどの感覚へと進化した

魂の創発と共に…　感覚は感情へと進化した

感情…嫉妬、恥、プライドといったもの…これらは自分以
外のものへの反応よりももっと複雑で、マインドの中の物
語も身体の感覚も関わっている

ここで愛の性質と、これがどのように初源的感覚からこのとて
も深い感情へと進化してきたかを調べてみよう、私がこの視点
に至った経緯はこうた

愛は私たちが何らかの形で他者と心を交わせて一つになっ
た時に生じる、繋がりの感覚である

生物学的レベルの創発において愛は生理学的反応である…

快楽の官能的愛、性的関係の性愛、子供を求めての本能的
愛である

魂レベルの創発において愛は物語の中に存在する複雑な感
情である…　パートナーの恋愛的な愛、友人への愛情、仕
事や遊びに対する情熱がそうだ

スピリットレベルの創発において愛は超越的である…　無
私の慈愛、無条件の優しさ、生命の深い愛だ

私たちは繋がりを大切にするため、愛を重要視する

私たちは個人として分離しているために孤立と無防備を感
じている、そのため他者と繋がると孤立感から抜け出せる
のだ

私たちは分離を見透かした時に個人的な愛が生まれ、他の
個人としっかりと繋がる…　そして、これは心地良い感覚
である

深い目覚めの状態では私達はすべて、スピリットの中で一
つであることを悟り、すべての人との深い繋がりを感じる
…　これは実に良い感覚である

だが深い愛は単なる良い感覚よりももっと大きなものだ…　説

明しよう

　　深い愛は深い繋がりである…　だから他者と共に人生を楽
　　しむだけではない…　他者と共に苦しむこともある

　　誰かを愛していたら私達は苦しみをも受け入れる、なぜな
　　ら愛する人に悪いことが起きると私たちはその人と一緒に
　　苦しむからだ

　　愛は他者と共に苦しむことも厭わない、なぜなら繋がって
　　いる感覚があるからだ

愛といえばうぶで感傷的なイメージを描きがちだが、実際のと
ころ愛は途轍もなくパワフルだ

　　楽しくて甘美な愛もある、だが愛は極めて強くなることも
　　ある

　　愛以上に私たちの復元力を鍛え、勇敢にしてくれるものは
　　ない

　　人は愛のために想像すら追いつかないような驚異的なこと
　　を行う

私たちは自分が愛するもののために尽くすらしい、だから私た

ちがスピリットのすべてを受容する愛に目覚めると、私たちの存在の目的感覚は多大な影響を受けることになる

もし私たちが自分だけを愛すれば… 私たちの家族だけを… 私たちの種族だけを愛すれば… 生きる目的は私たちの愛の限界を映し出す

私たちがすべてに対する愛に目覚めれば… 私たちの一番深い目的はすべてのための最大の善に尽くすこととなる

5.7　多次元の目的

私が至った理解では、私の存在の目的は私という個人の魂の流れの特徴を形成することであり、もっとも創発性の高い潜在力を実現化することだ

　　これはつまりワンネスと深い愛の霊的目覚めである…　そして私独自の人生において私独自の性質にふさわしい形で繋がりと慈愛を表現することである

目的は進化し続けており、創発レベルの高い目的は低い目的を超越して包含し、低い目的はそれに先行し基盤を成していることは前に伝えた 5.3

　　よって私の最も創発性の高い目的は霊的に目覚めることだと私は思う…　だがこれは創発性の低い目的に**取って代わる**のではなく、低い目的を**包含している**

私自身の人生において、私は存在のあらゆる次元の目的を次のように経験する…

　　生物学的に生存したいという欲求があり…　セックスをし

たいという本能的欲求があり…　快楽を感じ苦痛を避けた
いという快楽主義的欲求がある

私はこれらのすべてのレベルの目的を尊重している、これ
らは身体としての私の存在の生物学的基盤に関連している
からだ

だが私の人生について私が語るあらゆる魂のストーリーか
ら生じる、もっと高次の目的がある

私は自分の家族を養いたい…　私は深い概念を雄弁に語る
伝達者になりたい…　私は友人たちと21世紀文化を楽し
みたい

これらはすべて私という特定の魂の流れとして、独自の潜
在力を実現させるための方法である

だが私の一番高次の目的、それは私の他のすべての目的を
超越して包含する目的であり、それは私の目覚めの経験を
深め続けていくことである…　そしてもっと拡大的に無条
件にすべてに対する愛の表現方法を進化的に学ぶことであ
る

5.8　すべての中のスピリット

私は存在の目的を、きわめて人類中心的ともいえる方法で探求
し続けている

　　ある意味それは正しい、私は人間として人間が実現し得る
　　潜在力に特に関心があるからだ…　だが、だからといって
　　他の生命形態は存在の目的に無関係だと棄却するつもりは
　　ない

生命のすべての形態はそれぞれ独自に初源的潜在力を実現し続
けている

　　時流は三つの偉大な段階、つまり物質の流れと生命の流れ
　　と魂の流れとしての創発を通して個を統合させてきた…
　　だが、これは単なる進化的な道のりでは終わらない　なぜ
　　なら時流はひとつひとつの創発レベルで進化し続けている
　　からだ

　　物質の流れのいくつかは生命を支えるような進化はしてお
　　らず、生命の流れのいくつかは魂を支える進化は遂げてい
　　ない…　だが、だからといってそれらは一線上の進化の道

のりから取り残されているわけではなく、スピリットは常にすべての形の中ですべての方法を通して自らを実現し続けているからだ

私にとっては、スピリットはすべての中において同一に見える… だが創発には明らかなヒエラルキーがあることもわかっている

私はベジタリアンである、私にとって人参を食べることと牛を食べることは大きな違いを意味する

生命形態の大半は私たちほど意識的ではない　たとえば鳥が誤って庭ボウキに向かって求愛のダンスをしたりするのを見れば、それは明らかだ

だが動物は私たちに理解できない、高い知性を備えている

オオカバマダラは大陸を横断する… 犬は非常に僅かな匂いを検知する… コウモリは超音波でものを「見る」ことができる… チンパンジーはコンピューターの画面にマイクロ秒の速さで続けて表示される数字を正確にかなりの桁まで思い出すことができる… 驚異である

動物たちは、人間からすると驚異的な、異なる潜在力を実現させてきた… そして動物の進化は終わっていない、彼らは変化

し続ける環境に応じて常に進化を続けているからだ

　　現代の日本のカラスは故意に車を利用して木の実を割る…
　　家ネズミは殺鼠剤への耐性を持つようになった…　モスク
　　ワの野犬は食べ物をもらうために地下鉄の乗り方を知って
　　いる

植物や動物は園芸、畜産その他人間との関わりを通して私たち
と共に今も進化を続けているのだ

　　犬は人間意識に関わることで明らかに変容を遂げている…
　　猿の中にはシンボルを使って私たちと話すようになったも
　　のもいる…　シャーマンの儀式で使用される植物は人間の
　　意識に幻覚作用を持つために、他の植物にはない特別な魂
　　との関係性を発達させてきているようだ

他の生命形態はある面では私たちのようであり、また異なって
もいる…　それは素晴らしいことだ

　　私たちはどのように分類をするかによって、互いよりも優
　　れた存在になったり劣った存在になったりする

　　鳥は飛ぶということで他より優れている…　魚は泳ぐこと
　　に優れている…　私たちは想像において優れている

すべては多種多様の可能性を実現しているスピリットである

　　人間である私たちは魂を実現させるスピリットであり、深いレベルの創発を象徴する

　　だがだからといって私たちは絶対的な感覚において「他より良い」ことにはならない　なぜなら家の基盤はある意味、屋根よりも重要だからだ

人間は魂の存在であり、よって自分達の価値を判断することができるが、他の動物はそういうことはしない

　　その結果として人類中心主義の不合理な尊大さに至り、そのために私たちは自然界を恐ろしいほど無視するようになった

　　だがいまや大勢の人々がそれに気づき、種を超えた慈愛を感じているのは魂のストーリーの進化の証である…　これは類まれなる新しい発展である

人間の酷さを熱烈に表現し、私たちの尊大な人類主義の傾向について過剰に代償を支払おうとする人々が中にいるようだ

　　生存し増殖するという生物学的責務について、私たちはきわめて成功してきた

だがいま、非情な自然の搾取をやめて地球を大切にしていくために、私たちはもっと深い魂のストーリーを受け取る必要に迫られている

私は自然界に親しむことが大好きだ　それぞれの生命の流れが永遠の潜在力を実現化させる、その驚くほどの多様性に畏敬の念を感じるからだ

創発レベルの低い生命の流れは私たちよりももっと集合的なレベルに存在する、だから自然の中にいると素晴らしいワンネスの体験を引き起こすことを思い出した

本書のために根本原理を練っていた時、私は田園地帯をたっぷりと散歩した、特に木々と繋がると感動することが起きた

一本のある特定の木との出会いもあるが、よく感じるのは様々な木という種の集合体としての生命の流れと繋がった感覚で、それは古代まで遡っていくような感覚である

生命体であれ無生命のものであれ、存在のすべての形態は本質的にスピリットである…　スピリットはすべての中にあるエッセンスなのだから…　すべての*経験の流れの経験者である

これが私の意識にあがると私は素晴らしいシャーマニックな状態になり、すべては自然のままにありとあらゆる方法

で現実を*経験しているスピリットであることが見えてく
るのだ

まとめ

5.1 潜在力の実現

存在の初源的目的は潜在力をより創発性の高い形で実現化することであり、この目的は時流の性質として生来備わっているものである

5.2 魂の形成

魂の流れとして、私たちの潜在力の実現化は魂の形成のプロセスであり、そのプロセスを通してその魂の唯一無二の性格が作られる

私たちの一番深い目的は最も創発性の高い潜在力を実現させることである、つまりスピリットとしての私たちの本質的性質に目覚めて個々の魂としてそれぞれの唯一無二の潜在力を表現することである

5.3 目的の創発レベル

初源的目的はより複雑な形態へと進化し、新しいレベルの存在が創発する

生物学的レベルの生命の目的は生存し生殖すること

魂レベルの生命の目的は概念的ストーリーのゴールを実現させること

5.4　進化する魂のストーリー
ストーリーは時流の物語的性質の一部として生来より備わっている

私たちは魂のストーリーを用いて人生ストーリーを解釈し理解している

超生命次元ではあらゆる異なる魂のストーリーが互いに競争したり協働しながらそれぞれの存在の目的の解釈に至っている

文化的進化の歴史を見ると、より深い目的感覚を備えたより賢明で優しい魂のストーリーが徐々に創発してきたことがわかる

5.5　無意識のワンネスと意識的なワンネス
時流の基本の物語は意識的な個人を介した無意識なワンネスから意識的なワンネスへの移り変わりの道のりだと捉えられる

5.6　愛の進化
深い目覚めの状態において私たちはスピリットの中で一

つであることを知る、スピリットはすべてを包含する愛
の経験である

感覚と感情は個人である私たちの「他者」に対する反応
である

愛は繋がりの感覚であり超越的なすべてへの愛へと進化
してきたものである

深い愛は単なる良い感覚よりも大きく、他者と共に苦し
むことも厭わない

5.7 多次元の目的

あなたの目的はあなた個人の魂の流れの性格を形成する
ことである、そうすることであなたは創発性の最も高い
潜在力を実現化する

それはワンネスへの霊的目覚めと、あなたの唯一無二の
人生のあなただけの性質にふさわしい形で深い愛を表現
することを意味する

あなたのより高次の目的はそれよりも創発性の低いあな
たの目的を超越し包含する

5.8 すべての中のスピリット

創発のすべてのレベルの時流は常に進化を続けている、よってすべてはスピリットの潜在力を唯一無二のやり方で実現させている

自然界には創発性のヒエラルキーがある　だがスピリットはすべてにおいて同一である

生命の流れの大部分は私たちよりも集合的レベルで存在している、だから自然と交流することで強烈なワンネス経験を引き起こすことがある

6 選択の進化
THE EVOLUTION OF CHOICE

ここまで生命の目的について見てきたが、私たちが一番深い目的を達成することを選択できなければ、あまり役には立たない

科学的客観主義者達は私たちの選択能力は幻想だというが、私はそれに反論し、自由意志は新しく創発した現実であることを論じたい

私が提示したいのは、時流の性質として初源的な創造性が生来備わっており、それが私たちの選択という経験に進化してきたということだ

強調したいのは、私たちが意識的に選択を行う能力を育てることが重要だということだ
そうすれば、私たちは魂の形成プロセスに創造性を使って従事できるようになるのだ

6.1　私たちは私たちの選択そのものである

一人の人間として自分の思考や行動方法を**選ぶ**能力以上に、あなたのアイデンティティにとって不可欠なものはあるだろうか？

　　あなたは本書を読むことを選択している…　これを読むという概念に同意あるいは異議を自由に感じることができなければ、あなたの自己感覚は実に乏しくなるのではないか？

選択能力は極めて私たちにとって重要なものだと思われる…そこでこのようなことを考えていただきたい

　　あなたの選択はあなたの魂の性格を形成するため、重要である

　　あなたの一つひとつの選択はあなたという魂の流れの過去になり、それがあなたという人間を作っている

あなたの人生はあなたの過去が蓄積すると共に進化的に形を成していくプロセスである…　あなたの魂の性格形成の経緯は、

あなたの経験によって決まる

　　そのうち一部はあなたに起きるものごとによって決まるが、
　　あなたの選択によっても決まる…　あなたがどんな魂のス
　　トーリーを受け入れようと選択するか…　どんなゴールを
　　採用しようと**決めるか**…　どんな言葉、どんな行動を選択
　　するかを決めるかによって性格形成がなされるからだ

　　あなたの生き方の選択が、あなたという存在を作る

歴史を通して私たちの選択能力は人間性を明確に特徴づけるも
のとして高く評価されてきた…　だがその評価は近年は科学的
客観主義によって崩されており、自由意志は脳内の神経発火に
よる因果的に決められたプロセスに過ぎないといわれている

　　私はこの味気ない還元主義に、選択の重要性を取り戻す選
　　択肢を提案したい

　　私が提示したいのは、この先の進化の全プロセスを動かし
　　ている創造性の一つの創発形態が選択だということだ

　　だがまずはこの初源的創造性の性質を探究し、それがどの
　　ように「過去牽引性」（pastivity）と私が呼んでいるパワー、
　　つまり時流をより創発性の低い状態へと引き戻そうとする
　　抵抗のパワーを受けてきたかを見てゆきたい

6.2 創造性と過去牽引性（pastivity）

＊訳注：原語のpastivityは著者による造語。本書では「過去牽引性」と訳出している。

初めに神が世界を創造した

　　近年までこの古代神話は西洋文化で真実として単純に受け入れられていた

　　だが20世紀に入りこの説はビッグバン理論に取って代わり、時の始まりの偉大な創造の瞬間は保たれたものの創造主なる神は排除された

科学的客観主義はビッグバンを創造性の大いなる爆発であり、その結果、因果的に宇宙の進化が確定し、始まったと想定している

　　この創発スピリチュアリティはそれとは異なる視点を提示する
　　時の始まりの創造的瞬間の概念に取って代わるのは、継続的に創造する現在という概念だ

　　ゼロの瞬間は創造プロセスの始まりであり、それは今も続

いている

目的とストーリーは時流の性質として生来備わっていることを前に提示した 5.4 5.8 …　ここに付け加えたいことが以下である

創造性は時流の性質に生来備わっている…　なぜなら新しい可能性は毎瞬、実現化されているからだ

創造性は過去と現在の中に存在する可能性の交流である…この交流を通して、この以前に過ぎ去ったものから新しい何かが生じている

よって私にはこのように見える…

時の性質には生来、創造性が備わっており、これが推進力となってより創発性の高い可能性を実現させ進化を進めている

だがこの創造の躍進に対する抵抗が存在し、これもまた時の性質に生来備わっているものである

蓄積した過去には「重さ」があり、これがものごとをもっと原始レベルの創発、すでに形成化したものへ引き戻す

現在を過去に繋ぎとめる「重力」のようなものがあり、私はこれを過去牽引性（pastivity）と呼んでいる

進化を先に進めようと動かす創造性は、ものごとをもっと創発性の低いレベルへ引き戻そうとするこの過去牽引性（pastivity）を常に克服し続けなければならない

現在の現実を調べれば、私たちの経験には反復的な性質があることは明らかだ
だが一つひとつの瞬間は新しい瞬間である

現在の瞬間は革新的であり、かつ反復的であることを示そう　なぜなら創造性と過去牽引性（pastivity）の交流によって、いまが作られているからだ

私はこのような視点に至った…

新しい一つひとつの瞬間は、前に起きたことから発生する
よって過去を反復する傾向がある

過去が自らを繰り返せば繰り返すほど、その振る舞いは固定的な方法を形成し、それが未来のものごとの展開を決定する

これが過去牽引性（pastivity）のパワーである

科学者達は人類主義的メタファーを不適切に用いて、物質宇宙の反復的振る舞いを「自然法」と呼んでいる

　　だがそれは「法」ではない、法則の制定者は存在しないしその法則を施行する司法制度もないからだ

　　「自然法」という概念は昔、宇宙を支配しているルールは神によって定められていると考えていた時代に由来している

　　私は先駆的生物学者ルパート・シェルドレイクに同意する、彼はもし私たちがいわゆる［自然法］を真に理解したいなら「自然の習慣」と捉えた方が良いといっている

過去の蓄積と共に、習慣が形成される

　　自然には初源的な物理的習慣があり、それは物質の流れを経て進化している
　　重力の習慣などがそうだ

　　その後生命の流れの進化にともなって、生物学的な習慣が創発していった　動物の本能的な振る舞いなどがそうだ

　　魂の流れの進化にともない魂の習慣が創発してきた、集合心理的アーキタイプや言語の文法、個人の習慣的思考パ

ターンなどがそうだ

よって私が提案しているのはこうだ…

過去牽引性（pastivity）のパワーは過去が過去を繰り返す傾向を生み出し、これが性質の習慣を形成する

重力そのものは過去牽引性（pastivity）の一つの形といえる、重力はすべての物質を退行させ初期特異点を特徴づけた原初の濃密度の物質へ引き戻そうとする遠い過去の「重さ」によって生じている

可能性の中で時流が膨張する時、創造的潜在力は習慣的過去と交流し、反復的かつ革新的な新しい瞬間を作り出す

過去は創造の可能性を制限する、未来は過去を超越し包含せねばいけないからだ…　よって起きることは自然が確立した習慣を含んでいなければならない

だが過去は単なる否定的な制限ではない

形となった過去は未来によって大いなる可能性を実現させるための基盤である…　そうして時流が進化するにつれ、実現可能な潜在力の幅は飛躍的に拡大するのだ

創造性と過去牽引性（pastivity）の関係性は宇宙の進化を支配するだけではなく、私たちの人生に起きるすべてのことを伝えている

　　たとえば誕生と死のプロセスにもそれが見られる

　　誕生は新しい身体（ソーマ）の流れの創造である…　これはより創発性の低い物質の流れを超越し包含する

　　過去牽引性（pastivity）は最後には身体（ソーマ）の流れをより創発性の低い物質の流れへと分解し戻す…　死である

過去牽引性（pastivity）は私たちの日常の目覚めや睡眠などの経験に影響を与えている

　　魂の流れは非常に長い間に限り、目覚めた意識を維持することができる

　　そして私たちは「深い眠り」と呼ぶもっと原始的な無意識状態に引き戻す抵抗し難い力が起こる

私たちは霊的目覚めの道のりで過去牽引性（pastivity）の効果を経験する

目覚めの状態からなじみ深いマインドの習慣へと引き戻す、
より無意識に近い過去の「重さ」を感じるのだ

6.3　偶然が選択へ進化する

時流の性質に生来備わっている初源的創造性は常に進化のプロセスを動かしてきた

> だが存在の物理、生物学、魂それぞれのレベルの創発とともに… **創造性そのものも進化している**と私は提示する

科学的客観主義者達は、進化は偶然により動かされてきたと捉えている　なぜなら彼らは宇宙の創造性は単なる無作為の変化から生じていると考えているからだ

> だが私には宇宙の創造プロセスは無作為の変化あるいは**偶然**から始まるように思える…　そして故意の創造性あるいは**選択**へと進化しているように思えるのだ

説明しよう…

> 物質の流れにとって、進化のプロセスは変化のプロセスに過ぎない　より創発性の高い物質の流れの形態は偶然によって生じるためだ

たとえば初めて水素と酸素が混合して水ができる時、これは思いがけない偶然の創造だと理解できる

だが生命の流れの創発とともに進化のプロセスは単なる偶然ではなくなっていく

生物学的進化の理論によると動物は性的パートナーと遺伝情報を分かち合い、それによって新しい形のDNAが無作為に生まれ、それがやがて新しい生命の型に繋がる可能性があるという

だが生物学的進化は単なる無作為の創造プロセスではないなぜなら性の相手の選別は選択だからだ

原始的な種に関しては、これは制限的な無意識の選択かもしれない　だが私たちのようにより創発性の高い生命の流れにとって性的パートナーの選別は単なる偶然ではないことは確かである

宇宙の創造は偶然に始まる…　だが性的選択へと進化するそこには相手の選択と偶発的DNA変異の両方が関与している

魂の流れが創発すると創造プロセスは明らかに意識的選択という特徴を帯びるようになる　なぜなら私たちは魂のストーリー

によって定まった通りの目的を果たすことを選択するからだ
5.4

宇宙の始まりから存在している創造性はいま、どのように行動するかを意識的に選択する魂の流れを通して自らを表現しているのだ

進化のプロセスに生来備わっている創造性は、単純な変化から意識的選択へと進化を遂げてきている

意識的な選択をするとは何を意味するか？

自由意志はたくさんの可能性を考慮してどれを成立させるかを選択することである

思考が生じる…　すると私たちは何をすべきか決める前にそれらの概念について内省する…

よって…　**意識的選択は内省的創造性である**

この能力の創発には進化にとって膨大な利点がある

それまで新しい可能性は進化プロセスを通して無作為に実現化されてきた…　良い結果を出したものもあったが大半はうまくいかなかった

内省・選択の能力のおかげで魂の流れは新しい可能性について想像の中で実験し、最善に向かって最も良い結果を出せそうなものを行動に移すことができるようになる

この結果私たちは魂の創発以来、進化スピードを飛躍的に高めてきた

選択はスピリットの初源的創造性が創出した一つの表れであることを理解すると、個々の自由意志の矛盾的な性質が露呈する… 説明しよう

前にスピリットはすべての経験の流れの**経験者**であることを見てきた 4.5

いま私が示したいのは、最も深い意味においてスピリットは私たちのすべての選択の**選択者**であるということだ

スピリットの初源的創造性はある特定の魂の流れを通して自らを表現する、すると私たちは個人の選択を経験する

私がこれらの言葉を書くと選ぶときも…スピリットは個の魂の流れである私を通して選んでいる

あなたがこれらの言葉を読んでいるのも…スピリットは個の魂の流れであるあなたを通して選んでいる

私たちはスピリットの個々の表現である…　それを通して
スピリットは世界を経験する…　ここに自由意志という重
要な経験も含まれているのだ

6.4 無意識な選択と意識的な学び

客観主義者達は、自由意志は幻想であることは科学的実験で実証されていると主張する　私たちは無意識に選択しており、わずか後になって意識的にその選択が意識に表れているに過ぎないことが脳スキャンによって示されているからだ

　　この発見には興味を引かれるが、これは正確に解釈されたものだとは私には思えない

これについて私の捉え方を説明しよう…

　　私たちは魂の流れである…　そして大抵、魂は無意識である

　　意識は無意識な魂の膨大な深みの上に生じる一つの波のようなものだ

　　私たちの思考は無意識の魂の中で形成される…　そしてほんの時おり、意識の中に上がってくる

　　私たちの意図は無意識のままであることが多く、私たちは

その無意識の意図に基づいて行動する

だがある意図が意識の中に上がってきたら、私たちは行動
する前に内省することができる

内省的意識とは魂の無意識の行動を考慮してより良い選択
を行えるよう促す、そのあり方である

私は意識的選択を行う際のプロセスについて次のように捉えて
いる…

無意識の魂からある意図が生じ、それを意識的に認識する

そうするとこの思考について内省するかもしれない…　つ
まり無意識の魂は初めの思考に反応して新しい思考を生み
出す

最終的にその意図を行動に移すか否かの選択が生まれる

このプロセスの最後に私たちは意識的に選択をしたと言う
…　その決定は内省的意識が関わったからだ

私たちは大抵、自分の思考を内省しない　だから私たちの意図
は無意識に生じて私たちは他の選択肢を考慮する間もなく行動
に移す

これは効率的だ、なぜなら私たちは無意識でいる方がはるかに素早く概念を処理するからだ　そして私たちの行動の大半は、内省する必要がない

内省的意識の目的は選択プロセスのスピードを故意に遅くすることである

通常はそうする必要はない　だがもし私たちが習慣的な選択のし方を変えたいなら絶対的に不可欠である

もしものごとを違う方法で行えるように学びたいのであれば、私たちは思考プロセスを意識的に行う必要がある…どう行動するかを選ぶ前に、自分の思考について内省するのだ

私たちの学ぶという能力もまた人類に備わる明確な特徴である

学習には未来により良い選択ができるような新しい習慣の意識的な設定が必然的に伴う

私たちはポジティブな習慣を築くことによって過去牽引性（pastivity）のパワーを有利に使っているのだ 6.2

たとえば運転の学習プロセスを考えてみよう…

あなたは初めは運転ができない、そこで何をすべきかを考えてゆっくりとものごとを捉えることで意識的に学習する必要がある…　そしてこのプロセスを通してあなたは安全に運転する習慣を形成する

運転のし方を学んだら、あなたは無意識に運転できる　ほかのことを考えながらだ

だがもし新しい状況におかれたら、たとえば外国で反対の車線を運転することになったら、ものごとのスピードを落としてもう一度意識的に運転しなければならない

よってこのように言える…

　　学習プロセスを通して私たちは**無意識な無能力から意識的学習を経て無意識な能力**へと移行する

私たちのすべての選択について意識的に内省する必要はない、あるいはそれが望ましいわけではない　そうしていては延々と時間がかかるからだ…　だが行動のし方について意識的に選択する能力は、ものごとをより良い方法で行えるように学習するプロセスでは絶対的に不可欠である

6.5 　因果と選択の共存

因果で決定する物質の流れは創造的自由意志という特徴を持った魂の流れへ進化してきたことは前に伝えた… だが生命の基盤の因果決定性は消えてはいない

　あなたと私は高レベルの意識的創造性を経験する… だが私たちは依然として物質の因果決定性による制限を受けている、そして私たちの創造性がこの世界で行動する時は、必ずそれを考慮せねばならない

決定性の生命の世界と自由意志を持った魂の次元は共存しており、常に相互に作用していることを提示しよう

　私はこれらのレベルの創発がこの今も相互作用しているという意識がある、これらの文字を物質的にキーボードを押してこの言葉を打っている、いまこの瞬間もだ

　私は自分の意思を達成するために決定性に基づいて振舞う物質に依存している… よって自由意志と因果関係の両方がこの文を生み出している

私の**創造的意図**はある特定の結果を実現させるために**自然の習慣**と協働している

よってこう言えると私には思われる…

意識的選択は宇宙の創造性の一つの創発レベルであり、宇宙の創造性は決定性因果関係という特徴を持つ創発性がもっと低い存在レベルを**超越し包含**する　その存在レベルは自由意志に**先行**してその**基盤**となっている

6.6　ゆっくり遠回りの進化

前に「不合理の問題」 5.1 のことを挙げた、基本的に以下で
ある…

　　進化はあまりにも遅くとりとめがないため、宇宙に目的が
　　あるなどという提案は正気の沙汰とは思えない

　　恐竜時代は1億8000万年も続いたのだ、まったく…　いっ
　　たい何のためだったのだろうか?

このジレンマについて創発スピリチュアリティは理路整然とし
た答えを提示する

　　進化は常に初源的目的を果たし続けている、それは単に初
　　源的潜在力をさらに高度な創発性の形で実現化するという
　　目的だ

　　このプロセスは遅く、行き当たりばったりなプロセスとし
　　て始まる　なぜなら革新的な新しい可能の偶然の実現に依
　　存しているからだ　そしてその革新的な新しい可能性の先
　　は多くが行止まりなのだから…　だが創発性の高い生命の

　　流れがもっと多く生じてくると進化のプロセスは速くなり、
　　より意識的な方向性が現れ始める

たとえば哺乳類が恐竜の座に取って代わるまで長らくの時間が
かかった、これは多数の無作為の出来事が然るべき形で良い結
果を果たす必要があったからだ

　　遺伝子情報はそれまでにない新しい形で混合しなければな
　　らず、新たな哺乳類の生命の流れが繁栄するためには環境
　　において生態的地位が生じる必要もあった、そのためには
　　恐竜は余儀なく絶滅させられたがおそらく小惑星が地球に
　　衝突したことによるのであろう…　これらすべてが偶発的
　　に起きるために長らくの時間がかかったのである！

進化が無意識に盲目的に進んでいる間は、遅くて遠回りなプロ
セスを経る

　　だがあなたや私のように意識的存在が到来すると、進化は
　　本格的に進行する

宇宙の歴史全体を通して革新のペースは飛躍的に加速してきた
魂の進化率は桁外れに上昇し、現在私たちはそのクライマック
スにいる

　　いま魂の進化は創発性のもっと低い物理レベル・生物学的

レベルに影響を与えている

物理学者達は新しい元素を作り出すために物質の流れを操作することを**選択する**…　そして生物学者達は遺伝子工学を用いて新種の生命の流れを**意識的に**作り出す

人間を通して進化の創造プロセスは単なる偶発ではなく意識的選択という特性をどんどん帯びてきている

6.7　善と悪

歴史を通じて霊的伝統は正しい倫理的選択に最高の重要性があるとし、重要視してきた…　そして私たちは皆「正しい行いをする」という選択が非常に大切であることはハートでわかっている

　　だが私たちはいまや古代宗教による古い確信を遺棄している、それでも私たちは今もなお「善」と「悪」に基づく倫理的選択について理解できるのだろうか？

これらの二語の意味をどう解釈するかは特定の魂のストーリーによって決まる…　つまり倫理観は単なる意見あるいは個人の好みということになる

　　そのように言うと、自由主義的で平等主義的で素敵なことのように聞こえるが、実際にはヒトラーの倫理観はガンジーの倫理観と同じくらい有効だということになる…　これは私にはとても適切だとは思えない！

　　創発スピリチュアリティは、この危険な倫理相対主義からの抜け道を提案する

前に私たちの魂のストーリーは徐々に進化しながらより賢明に
そして優しくなり、深い目的感覚を持つようになるという点に
ついて考えた 5.4

　　私が提案したいのはこうだ、私たちの時代において最も創
　　発性の高い魂のストーリーが、これは大切だと価値を置く
　　ものを、私たちは「善」だと理解することができる

　　もし創発性のもっと低い魂のストーリーから何かが生じ、
　　それに対してもっと創発性の高い感覚での「善」に対立す
　　るものであれば、それは「悪」だと理解することができる

たとえば現在の西洋人はイスラムの過激な解釈方法によって容
認されている慣習、名誉殺人、女性器切除、断頭儀式などに衝
撃を受けている

　　だが、こういった恐ろしい行動を行なっている者は、自分
　　は神の意志を叶えていると考えている…　中世に創発した
　　魂のストーリーを今もなお信じているためだ

　　21世紀において、このような中世の価値観は明らかに私
　　たちを歴史にしか見出せないような文化的観点に引き戻し
　　ている…　これが私たちが「悪」として経験しているもの
　　である

ヒトラーは悪の典型だ…　だがもし彼が別の歴史的時代に生きていたらアレキサンダー大王のように征服者のヒーローとして見ているかもしれない

　　だがヒトラーが生きたのは20世紀で、その頃私たちはもっと創発性の高い魂のストーリーを集合的に受け入れ始めており、非情な拡大主義と悪意による大量虐殺を悪として捉えていた…　彼らが属していた時代を、私たちは乗り越えて過去のものとしたかったからだ

本書の初めに、私は人間の性質の曖昧さを理解したいと述べた
1.1

　　私は人の中にそのような善を見出している　だが私たちは恐ろしいことも行うということに衝撃も受けている

　　大勢の人々が人類のあり方に絶望しているが、私はもっと楽観的に捉えている

私たち魂は、より大きな善に向かって進化しているように私には見える…　よって私たちがやって見せている恐ろしいことは私たちに生来備わる邪悪さの兆しではなく、私たちの進化でもっと創発性の低かった段階の名残であり、私たちはいま進化しながらそれを乗り越えているところである

全歴史を通して当たり前に行われてきた残虐行為に対して
愕然とする人達が私たちの中に大勢いるという事実を、私
たちは心強く思うべきである　それは私たちがいま倫理的
明晰性の新しいレベルへの創発を遂げていることを示して
いるからだ

人間が行ってきた恐ろしい戦争は、私たちを通して作動してい
る無意識な性質だと捉えることができる

　自然は最強者の生存を求め、戦争は最強の文化の生存繁栄
　を守る一つの方法である

いま私たちが戦争を厄介なものと感じているのは、そこまで私
たちが進化してきたというしるしだ

　最近まで種族の利益のために身の毛がよだつような暴力を
　働いて見せるのは名誉なこととされていた…　人々を虐げ
　奴隷化するのは高潔なことだった…　人種差別者が愛国者
　だった

　今日の世界でそのような思考の名残をもし見かけたら、私
　たちは恐ろしさに震え上がるべきだ…　だが、これを私
　たちは何とか進化してこれを乗り越えようとしているのだ
　ということも思い返すべきである

私たちは自分の魂の中で同じ倫理的進化のプロセスを経験する
なぜなら私たちは誰でも創発性の低い面を持っており、もっと
原始的な定意に引き戻される可能性があるからだ

　　私たちに備わる動物的本能が不適切に現れると、私たちは
　　暴力的になる…　自分本位の魂のストーリーは私たちの慈
　　愛的願望に勝る可能性がある

私たちの精神の中の創発性の低い面が爆発する可能性はあり、
その結果起きる騒動には皆馴染みがあるだろう…　だが実際に
そうなるかどうかはわからない

　　私たちの性質に創発性の低い面があるからといって、私た
　　ちは悪であるというのは絶対的感覚において違う…　それ
　　は単に、私たちが進化プロセスの途上であることを示して
　　いるに過ぎない

　　つまり私たちには創発性の低い過去があり、それをもっと
　　創発性の高い未来に統合していくということだ

私が言いたいのは、個として集合として私たちは無知から叡智
へと進化しているということだ…　生物学的欲求から普遍的共
感へ…利己主義と部族主義から慈愛の共有へ

　　このいま新しい目的感覚が創発を遂げている　それは非常

に大きく、現在世界で起きていることが凄惨に見えてくる

私たちは本質的に一つであるということに気づく人がどんどん現れている…　それと共に私たちが四六時中、互いを不必要に苦しませていることに深い悲しみを覚える

私たちは創発性の低い過去へ引き戻そうとする過去牽引性（pastivity）のパワーを感じる、そして宇宙の創造性が私たちの中に現れてより良い未来へと私たちを前進させているのも感じる

私たちは次に起きることの中で役割を演じることができる　私たち一人ひとりは何が大切であるか、私たちはどう生きたいかを選ぶパワーを持っているからだ

ワンネスと深い愛への目覚めはいま、進化のプロセスの最先端である　このプロセスは蛇行しながら138億年かけてこの方向に向かってきたのだ

あなたと私はその最先端で最高の善に向かって進もうとしている…　深く目覚めた世界を夢見るために可能性をのぞき込んでいる…　存在のもっと低いレベルは優しさの文化の中に抱かれ、愛の統治を受けるのだ

まとめ

6.1 私たちは私たちの選択そのものである

あなたの選択の能力はあなたの人間性を明確に表す特性である

あなたの選択があなたの魂の性格を形成する

意識的に選択する能力はあらゆる可能性を想像する能力の中に生じる

6.2 創造性と過去牽引性（pastivity）

ゼロの瞬間は創造プロセスの始まりでありそのプロセスは今も進行している

創造性は時流という創発性変化のプロセスの性質に生来備わっている

過去牽引性（pastivity）は時流の性質に生来備わっている、過去の「重さ」はものごとをすでに形を成したもっと原始的な状態に引っ張り戻すからだ

過去が蓄積するとともに自然法あるいは習慣は形成されてきた

私たちの経験は過去牽引性（pastivity）の下方に引っ張る力と創造性の上昇の力に応じて永遠に変動している

6.3 偶然が選択へ進化する

創造性は存在の物質的、生物学的、魂のレベルの創発とともに徐々に進化してきた

物質的進化は偶然により、生物学的進化は性的選別により、魂の進化は意識的選択により司られてきた

内省し意識的選択をする能力の創発は進化に膨大な利益をもたらす

本質的にスピリットは私たちのすべての選択の選択者である

スピリットの初源的創造性はある特定の魂の流れを通して自らを表現する、そうして私たちは個人の選択を経験する

6.4 無意識な選択と意識的な学び

内省的意識とは、より良い選択をできるよう魂が無意識

に行っていることを考慮するさまである

意識的内省の役割は私たちが学習する必要がある時にものごとをスローダウンさせることである

学習プロセスによって私たちは無意識な無能力から意識的学習を経て無意識な能力へと移行する

6.5　因果と選択の共存

因果の生命世界と自由意志の魂の次元は共存し、常に相互作用している

自由意志とは宇宙の創造的プロセスの創発レベルであり、決定性因果関係の特性を持つ創発性の低いレベルを超越し包含する

6.6　ゆっくり遠回りの進化

進化は無意識なプロセスにある間はとりとめなく遅い
だが選択の創発を通して意識的プロセスになるにつれ飛躍的に加速する

6.7　善と悪

私たちはその時代の最も創発性の高い魂のストーリーが大切とするものを「善」と捉えることができる

創発性の低い魂のストーリーから現れ、創発性の高い感
覚が「善」とするものに対立するものは「悪」だと捉え
ることができる

不死性の進化
THE EVOLUTION OF IMMORTALITY

私たちはいま、哲学的冒険として創発スピリチュアリティを探求している　その結果、否応なく死という大きな疑問に辿り着いている

科学的客観主義者達は死後の世界の概念は幻想だと捉えている　だが彼らは現実の創発的性質を理解できていないと思う

この章では、進化の結果、魂の創発性は身体の死後も生き続けることができるということを示そう

進化の働きによって、進化そのものも進化してきたように私には思える　そして輪廻転生は進化プロセスの新しいレベルとして創発した　それにより個々の魂の流れは個体化を継続できるようになったのだ

7.1   死は安全である

生命の目的は、私たちの最も深い目的を実現化させることである 5.2   だが私たちがある日死んで私たちの存在がもし任意に終わるとしたら、果たして本当にその目的に価値はあるだろうか?

死に直面すると、生命に意味を見出すのは非常に困難である

いずれ死ぬということを恐れる人がいるようだが、私は怖くない

だが末期患者の子供が短く苦しい余命しか経験できず、そして無を経験するのだと考えると痛ましい気持ちになる

私の胸は張り裂け、それほどに残酷で無意味な宇宙に取り残されるというのは耐え難い

だが深い目覚めの状態の中にある私の強力な直感では一見上とは反するにもかかわらず、**生は良いものであり、死は安全である**

私は、個人的にカウンセラーとしても死にかなりの縁が
あった　それによって身体の死は魂の死ではないことを強
く確信している

死について知れば知るほど、それは無意味な人生の悲劇的終末
という印象ではなくなり、至上の変容の瞬間だという感覚に
至っている

私にとって死とは生命のクライマックスであり、私たち存
在の深い目的がそこで明かされるのだと思う

私の死にまつわる個人体験については前著"in the light of
death"（未邦訳）などを読んでいただくとよいだろう…　私は
最近亡くなった母に会うという感動的な体験をしており、その
直後に作った動画をyoutubeで観ていただくことも可能だ

だが、いまはこういった経験を見ていくつもりはない…
なぜなら本著での私の意図は、死は終わりではないという
考えを成り立たせる進化の根本原理を伝えることだからだ

当然、現代は科学的客観主義の影響により、教養文化の主流は
不死の魂という概念は死に直面する最終段階を直視できない
人々のための非合理な慰めだと捉えている

だがこれまでのすべての文化では死後も魂は継続すると信

じ、死後の世界についてのストーリーが語られていたのは
事実であり興味深い

『エジプト死者の書』として名高い"the book of emerging
forth into the light"のように、死後どうなるかを伝えてい
る重要な宗教文献はいくつか存在している…『チベット
の死者の書』と名高い"liberation through hearing in the
intermediate state"もそうだ

客観主義者達にとって、当然これらの文献は私たちの先祖がい
かに空想の世界に耽っていたかを示す証拠に過ぎないと見てい
る

だが魂の生存という概念が単なる希望的観測だとしたら、
そもそもこういった奇抜な概念はどのようにして起きたの
であろう？

死に際して身体が腐敗していく中で、想像力豊かな石器人
は死後も私たちは他の世界で生き続けるなどという興味深
い概念を思いつくものだろうか？

もしかしたら、それは誰かが思いついた無作為な考えで、
それが死に対する自然な恐れを楽なものにするというので
広く受け入れられたのだろうか？

だがおそらくは、人々が強烈な体験をして身体の死後も魂
は生き続けると信じるようになったのではないだろうか？

現代でも歴史全体を通しても、数えきれないほどの人々が死は
消滅ではなく深遠な変容の瞬間であると強く直感してきた

　　死んだ家族とコミュニケーションしていると感じている人
　　はどこにでも普通にいる

　　研究によると人口の4〜10%が臨死体験、NDE［訳注：near
　　death experienceの略。病気・事故などでいったん意識上死の世界
　　をのぞいてから、生き返ったという体験］を経験したことがあ
　　るという　彼らは死んだと思われたが生き返ってきた人々
　　で、死後の様子について驚異のストーリーを語っている

もちろん、死にまつわる私たちの経験は私たちの信念体系に
よって色づけられる可能性はある　よって死後の生命を信じて
いる人々はその観点を支持するような経験を報告している

　　だが、死後の生命を信じていない人々も素晴らしい臨死体
　　験を報告している…　そして後にこの人々は、死は終わり
　　ではないと確信している

客観主義的科学によって医療は驚異的な前進を遂げ、人が臨床
的に死んだ後でも生き返らせることが可能になった…　これに

より臨死体験が急増したのは素晴らしくも皮肉である、臨死体験は客観主義の基本的教義を崩しそうなものだからだ

これまで臨死体験はずっと報告されてきているが、今では死後へ旅し、戻ってきては死後の世界にあったものを説明する魂がどんどん増えている、そうして私たちはより多くの情報を得て死の性質の理解は進んでいる

科学的客観者達は、臨死体験は死のトラウマ経験を通過するために脳が生み出した幻想だとして臨死体験を棄却している…だがこの視点には問題がある

臨死体験が生物学的進化の産物だとは考え難い　なぜなら私たちの生存の役には立たないものであるし、生命の終わりに起きることであり自然淘汰のプロセスに支持されるような特質でもないからだ

人々から寄せられている臨死体験の報告は、私は真実だと思う

最も印象的なのは、彼らの驚くようなストーリーを聞いた時に生じる私の感覚である…　彼らから聞き取れる魂の情報に私は感動するのだ　それが彼らの報告に信憑性を与える

この人々はその経験に深く感動し変容を遂げている…　そ

　して彼らの言うことは私の深い目覚めの状態を想起させ、
　私を深く感動させ変容させる

至るところで見られる死後の生命の信念に伴って、人間の歴史
を通して広く知れ渡っていたもう一つの関連した概念がある
それは「輪廻転生」、「肉体化への回帰」である

　古代ギリシャの哲学者はこのプロセスを「metempsychosis
　霊魂の再生」と呼んでいた　これは魂の変化を意味する

　魂は身体の死を経ても一時的に生き残る　だがやがて再び
　肉体を持ち、また別の人生を生きなければならないとする
　概念である

　そしてこの霊魂の再生プロセスを繰り返すことにより魂が
　進化するという

もし輪廻転生が願望を叶えたいがための幻想だとしたら、これ
はことさら奇妙な幻想だ

すべての人は、実は以前は違う身体で生きていたなどと、どん
なことがあって思いついたのだろう？

　他の可能性としては、いつの時代も前世を思い出す人々が
　いたのだから、それでこの概念が知れ渡ったという可能性

　　　　だ

過去生の記憶があるという人はたくさんいる…　だが私はその
多くが真実とは思わない

　　　だが過去生の報告の中には非常に説得力があるものもあり、
　　　この分野で素晴らしい研究をしてきた人々も知っている

哲学者としての私の関心は、霊魂の再生は現実であるという私
の直感を解明することである　ただ共通概念とは異なっている

　　　私たちは不死の魂として死後も生き続け、また人生を生き
　　　るために戻ってくるという壮大なサイクルの中におり、そ
　　　のサイクルが魂の流れの進化を可能にしているという可能
　　　性を私は合理的に説明したいのだ

まずは私たちの疑問を明確にしたい　その疑問とは本質的にこ
ういうことだ…

　　　魂の流れは魂の流れの死後も存在し続けるのだろうか？

死後、私たちは人生経験を超越した他の次元を経験すると言わ
れている

　　　このように言うと現実離れしているかのようだが、実際は

そうでもない　なぜなら私たちはいまも超生命の次元を経験しているからだ

それは魂の次元である　これは私たちの身体が属する三次元世界とはかなり異なる次元である

それは想像の領域であり、そこにあるものはマインドでできたものであり生死する有機体ではない

よって私たちが疑問としているのは真にいうと、こうなる…

私たちがいま味わっている精神の経験は、この世界に身体がなくとも継続するのだろうか？

私はこの答えは『Yes』だと提示したい

7.2　進化の進化

科学的な進化理論は自然淘汰の概念から始まった…　だが私たちは、全宇宙はゼロの瞬間から進化を遂げてきたことに気づいた…　そして物理的進化の前・生物学的段階があったのだという理解に至った 1.4

　　ここで私たちが理解すべきは魂の進化には生物学的段階の後にポスト生物学的段階があったことだと示したい

進化の三つの段階…物質、生命、魂…はそれぞれに**異なる進化**プロセスによって特徴づけられているというのが私の見方だ

　　遺伝子変異と自然淘汰による進化は、生命の進化のみに備わる特徴である　なぜならそれ以前には変異する遺伝子は存在しなかったからだ

　　自然淘汰の生物学的プロセスは、物理的宇宙の創発を特徴づけたもっと原始的進化プロセスから進化したものだ

　　いま進化プロセスに新しい魂レベルが創発しており、そこには不死性と輪廻転生が関わっている

進化プロセスそのものが進化している…

　　生物学レベルでは個々の生命の流れは生きて死ぬ、だが種
　　は継続し進化する

　　これは進化中の適者たる種にとって効率的な方法である、
　　この創発レベルにおいて存在の目的は適応したものの進化
　　である 5.3

　　だがこれは進化中の個々の魂の流れにとっては効率的では
　　ない、なぜならもし魂の流れが存在を止めると個体性は終
　　焉するからだ

　　よって進化プロセスは不死の魂の創発に至った　不死の魂
　　は進化プロセスを継続するために身体の死後も生き続ける
　　のだ

魂の流れは生命の流れと大きく異なっている…

　　生命の流れは宇宙の時流の中の**一時的な**流れである

　　魂の流れは宇宙の時流の中の**永遠の**流れである

私が提案しているのはつまり、身体の流れが消えても魂の流れ
は超生命の次元で存在し続けるということ…　少なくともしば

らくの間は存在し続ける　なぜなら最終的にはまた生命世界に
輪廻で戻らなければいけないからだ

　　身体は個の統合体たる生命の流れとして長年その全体性を
　　維持することができる　だが最終的にはこのレベルでの創
　　発性を持続できなくなるため、死ぬ

　　同様に魂の流れは死後の一定の時間は超生命次元で意識を
　　保っていられるが、ついにはこのレベルでの創発性を持続
　　できなくなるため転生する

死も生まれ変わりも過去牽引性（pastivity）のパワーによって
起きるのではないだろうか 5.2

　　死に際すると過去牽引性（pastivity）の引力によって身体
　　の流れはそれを構成している物質の流れへと消散する

　　生まれ変わる時は、過去牽引性（pastivity）の引力によっ
　　て魂の流れが死後の魂の次元から引き出され、より創発性
　　の低い生命世界に戻されるのだ

死後や輪廻転生のプロセスで魂がどんな経験をするかは後ほど
詳しく見ていこう…　いまは不死性と転生は魂の進化に伴って
創発したという可能性について、よく考えてみていただきたい

遺伝子変異による自然淘汰の創発がまったく新しい進化の
段階をスタートさせたのとちょうど同じように…不死の魂
の流れの創発はまったく新しい進化の段階をスタートさせ
たのだ

7.3 意識的な時流

科学的客観主義者達は、意識は脳から生じるものと考えており、私たちは死後も意識を持ち続けるという概念は馬鹿げたものに見える… だが異なる可能性を合理的に提案するので考えてみてほしい

意識は「脳」と呼ばれる複雑な有機的な「もの」の産物ではない

意識は十分に進化した時流の特徴である

意識は蓄積した過去の性質から生じている

前にすべての時流は主観としては*経験のながれであり、意識は十分に進化した*経験の流れの創発的性質であることを見てきた 2.7 3.4

身体の流れと魂の流れはいずれも十分に創発性が高く、経験の流れを意識している

身体の流れは感覚の経験である

　　魂の流れは想像の経験である

だが身体の流れと魂の流れは創発の異なるレベルで存在している、死に際する時の経験の流れで何が起きるかはその創発レベルの影響を受ける　4.4

　　身体の流れは宇宙の時流の中の**一時的な**流れであるから最
　　終的には死に、感覚の経験は止まる

　　魂の流れは個が統合した**永遠の**時流であるから、身体の流
　　れが死ぬと想像の経験は継続する

魂の流れは、本来は生命の流れから進化したものである…　だが魂の流れは非物理的な魂の次元に存在しているため、身体の流れと関係を持たずとも存在することができる

　　魂の流れはいまや進化してきているので、身体の流れが生
　　命世界で死んでも存在し続けることができる…　主観的に
　　は意識的想像として、そして客観的には魂の情報としてだ
　　…

つまり私が提案していることはこうである…

　　私たちが生きている間は、身体の流れと魂の流れは創発的
　　関係性を持っている、つまり身体の流れに起きることは魂

の流れに影響を与え、その反対もまた然りである 4.4

だが身体の流れが死ぬと魂の流れは魂の次元内で意識を保
ち続ける…　なぜなら意識は身体の存在ではなく時流の過
去が土台となっているからだ

7.4　記憶と過去

科学的客観主義者達の推測では、記憶は神経連絡の中に何らか
の形で保存されているという、つまり脳が死ぬと私たちの記憶
は永遠に失われることになる…　だが私は別の視点を探りたい

　大半の人は、過去は消え去るもので、私たちに残された記
　憶を再訪できるようにどこかに保存される必要があると考
　えている…　だが私は、過去はどこにも消え失せていない
　と提案した、なぜなら過去は暗いいまこの瞬間に存在して
　いるからだ

　記憶はどこにも保存される必要はない　なぜなら記憶とは
　私たちが過去に意識を向けた時に現在の中に生じる新たな
　経験なのだから…　そして過去は拡大する時流として永遠
　に存在する

記憶は信頼性に欠けることで悪名高い　記憶は過去の経験の残
存を脳内の神経連絡として保存されたものではないからこそで
ある

　私たちは現在において過去を概念化する時に記憶を経験す

る… その時私たちは自分の現在の魂のストーリーの内容に過去を組み入れて記憶を経験するのだ

神経科学の発見によると、一定の方法で脳を刺激すると記憶を生じさせることができ、脳破損は記憶喪失を起こし得るという

そのようなことが起きるのは脳が私たちの思考経験に繋がっているためだと私は提案したい… 記憶は過去について考えることである

生命の状態では身体と魂は創発性の関係性がある　したがって身体の流れに起きることは魂の流れに影響を与え、その反対も然りだ　つまりもし脳が機能不全を起こすと、過去について思考する私たちの能力は損なわれる 4.4

だが過去はなおも存在しており、思い出される可能性は潜んでいる… 身体が死んで魂の流れがもはや身体の流れとの関係性の制限がなくなった時にそれが起きるらしい

私たちは死を忘却として恐れているが、実際は死は思い出すことであるとソクラテスは説いた

この視点は臨死体験者に確かに支持されており、自らの過去の経験を鮮明に思い出す「人生の見直し」であると説明している… こうして魂はいま終わったばかりの人生全体

をより深い視点から再評価することができるという

7.5　夢と死

ずいぶん前に私は"heaven, a history of the higher realms"（未邦訳）という本を書き、その中であらゆる文化が死後についてどのような信念を持っているかについて掘り下げ、現代の臨死体験の鮮明な報告を調査した

　　この本のために研究していた時、死後の状態に関する説明があまりにも夢と似ているため、私は衝撃を受けてばかりいた

　　ここで私が示したいのは、臨死体験が夢のように聞こえるのは死後の世界は集合夢であるからだということだ…　この集合夢は私たちの個人的な夢の経験が進化したものである

科学的客観主義者達は死後経験を想像だとして棄却している、つまり「実在しない」ということだ…　だがそれでは的外れである

　　現実の超生命の次元での私たちの経験はすべて、本来の性質として想像なのである…　しかしだからといって実在し

ないということにはならない、なぜなら想像経験は現実の
魂レベルでは実在するからだ

臨死体験がその臨死体験を思い出しているのを聞いていて深く
感動するのは死後経験が彼らの人生経験よりも「もっとリアル」
に感じられたと頻繁に描写していることである

　　私は共感する、なぜなら私が深い目覚め状態に入ると通常
　　の意識状態よりも「もっとリアルな」何かを経験している
　　という揺るぎない確信があるからだ

　　もちろん、ある意味では概念は「もっとリアル」な何かで
　　あるという点は理に叶っている…　だがこの感覚は私たち
　　がより創発性の高い状態を経験する時に生じるものだとい
　　うことを私は示したい

死後の状態は夢の一種であるという概念を考慮する前に、私は
想像と夢の進化をまず見ていきたい

　　前に私たちの想像する能力は世界を感じる経験から進化し
　　たことを見てきた…　そうして私たちはいま実際の経験を
　　経ずとも、想像で聞いたり見たりすることができる 3.5

　　生命世界にまず生じた経験は超生命の魂の次元に移される
　　…　だがそこに大きな違いをもたらす

　　私たちが感覚を経験する時、私たちは世界に存在する情報
　　を読みとっている…　だが想像を経験する時、私たちは自
　　らの過去の経験からイメージを投影している

想像の進化と共に現れたのが夢の創発である

　　いまあなたは感覚と想像を経験している、なぜならあなた
　　は生命世界と超生命の次元の両方を目撃しているからだ…
　　だが毎晩身体の流れが無意識状態に入る時に、それは変化
　　する　その間、魂の流れは夢の中で想像の世界を経験する
　　のだ

　　あなたはもう感覚の意識がなくなっている、だが想像の意
　　識は残っている…　これが夢である

魂が夢を経験している時、魂はまだ無意識な身体との創発的関
係性を保っており、そのために超生命の魂の次元のどれほどの
深みまで入って行けるかは制限されている

　　つまり夢は通常、目覚めている状態よりもはるかに意識状
　　態は浅いということだ…　よって私たちは夢を見ている間
　　は目覚めている時の世界をほとんど思い出すことはない、
　　だが目覚めると夢を思い出すことはできる

だが身体が死ぬと魂の流れは生命世界の中の身体の流れとの関

係性から離れている、よって魂の流れは想像の中に完全に浸り
きり、超生命の魂の次元にはるかに深くまで入っていく

　　死後の状態は夢のような意識の薄い状態ではない…　より
　　意識的状態になり私たちは人生のすべての細部まで思い出
　　すのだ

時により夜に夢を見ている間に魂の次元のもっと深いレベルへ
入ることもある

　　私の経験ではその夢は鮮明で強力である、そのため目覚め
　　た時に深い影響を受けている

　　時折、私は他の存在と繋がる時がある、亡くなった家族も
　　そうだ、彼らは単なる私の想像の投影ではなく確固と存在
　　しているという感覚がある…　よって私たちは夢を共有し
　　てそこで互いに会っているらしい

夢は自分だけの経験と考えるのはよくあることだが、私たちは
超生命の次元にもっと深く行くと共同の想像領域を経験するの
ではないだろうか…　そのような視点に至った経緯はこうであ
る

　　夢の経験を通して魂の流れは生命世界に無意識になった時
　　に魂の次元を意識する能力を進化してきた…　これが死後

に起きることである

死後の状態は夢の経験から生じてきた、だが夢と同一ではない

夢は通常、個人的精神のいくつかの側面を**半意識的に**探究することである… だが死は共有の想像領域の**超意識**経験である

夢は小さな死であり死は巨大規模の夢である

私たちの超生命の次元の経験の進化の形は生命世界における元々の感覚経験の進化の形に匹敵するといえる

進化プロセスを通して原始的な感覚経験はいまあなたや私に起きているような素晴らしい感覚経験へ進化してきた

同様に個人の夢の原始的経験は臨死体験者が報告している共有想像領域へと進化しているのである

生まれつき盲目の人達は視覚的な夢を経験しない、だが彼らの臨死体験の説明では見えたというところが興味深い

彼らが臨死体験で経験した視覚イメージは彼らの人生経験に基づいているはずはない、彼らは視覚的な人生経験をし

ていないからだ

つまりこれは死に際して私たちは数々の生涯からできた**集合的**経験からできた共有の夢に入るということを示唆している

私はこの死後の次元を「死後のイメージ次元（imagnos）」と呼ぶ
[訳注：原語imagnosは著者による造語。本書では「死後のイメージ次元」と訳出している]

7.6　死後のイメージ次元（imagnos）

ひも理論を研究している物理学者達の推測によると現実には私たちが経験している次元の他にもたくさんの次元があるという…　10次元あるという人もいれば26次元あるという人もいる

　　現実はどんどん大きくなり続けている…　そして私たちは現実をもっと大きなものと考える必要があるだろう

私たちが感覚を用いて経験しているこの壮大な宇宙だけがすべてではないということを私は示唆したい

　　さらにいまも想像として私たちが経験している超生命の死後のイメージ次元（imagnos）がある

私たちが生きている間、私たちの注意は主に宇宙に向かっている…　だが私たちが死ぬと私たちは死後のイメージ次元（imagnos）の奥深くへと入っていくのだ

　　宇宙とは一つの現実のレベルであり、私たちは誕生とともにもう宇宙を探究している

死後のイメージ次元（imagnos）とは一つの現実のレベルであり、私たちは死とともに死後のイメージ次元（imagnos）をもう探究している

死後のイメージ次元（imagnos）とは、すべての時代すべての文化の人々が語ってきた魂の次元に私がつけた名前である

オーストラリア先住民はそれを「夢見」と呼んでいる…これは素晴らしく相応しい　なぜなら死後のイメージ次元（imagnos）は**共有の夢**のことだからだ

共有された夢をどうして私たちは経験できるのだろうか？

前に魂の流れは**客観的**には魂の流れであり、他の魂の流れによって解釈され得ると私は示唆した 4.3

ここで私が示唆したいのは死後の状態において私たちは他の魂の流れと繋がり、私たちが分かち合っている客観的な魂の情報を元に想像の世界を共に作っているということだ

死後のイメージ次元（imagnos）の性質を理解するために、私たちはどのように宇宙を経験するかをまず考えよう…

宇宙は時流の生態系であり、客観的には情報の流れであり主観的には*経験の流れである

　　　すべての時流は他の時流が提示する情報を読み取って自らの世界の*経験を生み出す…　そしてすべての時流は自らを情報として見せて他者に読み取られている 2.7

私が示唆したいのは死後のイメージ次元（imagnos）も同じであるが、より創発性の高い魂のレベルである

　　　死後のイメージ次元（imagnos）は魂の流れの生態系であり、客観的には魂の情報の流れであり主観的には想像経験の流れである

　　　すべての魂の流れは他の魂の流れが提示する情報を読み取り、自らの超生命の次元を生み出している…　そしてすべての魂の流れは他者に読み取ってもらうために魂の情報を見せている

そこで私はこのように捉えている…

　　　宇宙は相互に主観的な現実であり、その中で魂の流れたちは想像の超生命次元で互いに繋がり合い、コミュニケーションをとりあっている

死後のイメージ次元（imagnos）は宇宙とは重要な違いがある

　　　宇宙には生得の権利をもって存在しているものたちが住ん

でいる…　だが死後のイメージ次元（imagnos）は魂の投影のイメージが住んでいる

いまこの瞬間のあなたの精神経験を調べてみれば、マインドには思考形態が住んでいることがわかるはずだ

この世界の一脚の「椅子」は観察者のあなたから独立して存在している、だがあなたの想像の中の一脚の「椅子」は一つのイメージであり、独立して存在していない

死後のイメージ次元（imagnos）は魂の流れたちの全生態系によって共同創造された共有イメージであり、魂の流れはそのように互いに投影イメージを共有し合って一つの共通の世界を作っている

私たちはこの共有の夢を意識的に創っているのだろうか、それとも個人の夢のように精神の無意識の表れなのだろうか？

死後のイメージ次元（imagnos）は意識的かつ無意識的の両方から創られるのではないだろうか　なぜなら私たちが意識的に経験するものはすべて無意識の基盤から生じるからだ

宇宙の私たちの感覚経験は身体の中を中心に起きている　だが私たちの想像的経験は私たちがどこにでも注意を向けたところ

に自由に流れていく 4.8

　人々のNDEを聞くと、この経験の流動性は私たちの夢と同じように、死後の状態を特徴づけているのではないだろうか

　これはつまり私たちの死後経験は直線的に展開する必要はないということだ　いまの私たちの想像と同じように過去の何かが突然現在になることもある

NDEを経験した人々の報告では、死後の次元で亡くなった家族が歓迎してくれるという　彼らが死んだ時よりもかなり若返った姿で現れることもよくあるようだ

　魂は、相手の魂が慣れ親しく感じる姿を選んで現れることができるという話も聞く

私の母の死後に私は母に会ったと前に伝えたが、その経験の中で母はあらゆる年齢の異なる姿を見せた 7.1

　死後のイメージ次元（imagnos）の中での私たちの姿は変化可能な想像の形である　想像の中では私たちは定まった形を持たないからである

7.7 　天国の進化

もし死後の状態が存在するとすれば、それは宇宙の創造よりも前に存在する何らかの霊的次元であるというのが通常の推測だ…　だが私が提案しているのは、その反対である

　　死後の次元の性質は進化しているように思えるのだ…　これまで生じてきた他のすべてのものと同じように

あらゆる文化によって語られてきた死後の世界のストーリーは、時を経るとともに精巧さが増していった

　　学者は通常これを文化的進化と解釈している　だが実際は死後経験の進化を反映しているのかもしれないというのが私の提案だ

死後のイメージ次元（imagnos）は徐々により鮮明で複雑な形を成していき、象徴的に有意義な共通の夢となってきているのだ

　　初めの頃の死後経験は曖昧な冥府の経験で、そこにいる死者たちは「影」だった…　死後のイメージ次元（imagnos）

はまったく確立していなかったことを示している

後に私たちは形となった死後のイメージ次元（imagnos）を見る　それは生命の継続として想像したものだ…　たとえば豊かな猟常場やバルハラの壮大な酒場などである

偉大な宗教が発展すると、死後の世界のビジョンはそれを反映する…　仏教徒は悟りを得た仏達が住む浄土だという…　キリスト教徒は神を讃えるコーラスが溢れる偉大な教会のような天国を描写している

現代では人々の臨死体験は美しい庭が広がり…　荘厳な都市があり…　今の私たちが想像できる限りの驚異に満ちている

これは、死後の経験は共通の夢であり、私たちの人生の進化する経験を反映しながら時間を経て形を成したものだというのが私の考えだ

個人の夢は願望を満たす幻想であったり恐ろしい悪夢だったりする、その様子は人々の臨死体験から比較すると死後の共通の夢と類似している

一つの夢の中で起きることは精神状態を映し出す…　よって私たちの死後経験もまた個々の魂の流れの特徴を映し出

　　しているというのが私の考えである

死の哲理を深く発展させてきたチベット仏教徒は、多様な「バルド」つまり私たちが生きられるあらゆる現実状態について描写している

　　いま私たちが経験している肉体感覚の世界は一つのバルドである…　私たちが個人的な幻想を経験する夢見の状態は一つのバルドである…　そして死後には天国のバルドや地獄のバルドがたくさんあり、私たちの魂の特徴によって経験することができるのだ

魂の流れは過去の経験の蓄積から形成される　よってそこに恐ろしい残酷行為が含まれていればその魂は、過去牽引性（pastivity）によってもっと原始的なバルドに引き込まれるかもしれない

　　だがそれにもかかわらず、存在の基本的な善良さを私自身が経験していることから、私たちの死の経験は本質的にポジティブなものだと私は確信している

私たちの死後経験が乱される時は、私たちの魂が損傷している部分を見せられているのであり、それは苦痛を伴うかもしれないが癒しに繋がると私は考えている

　私たちの死後に何が起きるかは、私たちがどう生きたかに対する褒美でも罰でもないというのが私の考えである…それよりもむしろ、死後は魂の進化のプロセスの一部であり、新しい光の下で前に経験したすべてのことを探求するチャンスのように思われるのだ

7.8　精神の共生

多くの霊的伝統では、魂は身体から離れた状態をかなり長い時間を過ごしてのちに新たに転生し身体をもつと教えている

　　魂が一種の「非物質的な」もので受胎あるいは誕生時に何らかの形で赤ちゃんの体内に入るものだと捉えるなら、この教えはばかげているように感じられる

私は新しい視点から輪廻転生を捉えたい…　魂の流れと身体の流れが一種の共生関係を結ぶというものだ

　　共生（symbiosis）は「共に生きる」という意味で、生物学者が異なる二つの種間の親密で時に長期に渡る交流を表す際に用いる用語である

　　輪廻転生とは、一つの魂の流れと一つの身体の流れが一時的に、私が「精神的共生（psychosymbiosis）」と呼ぶ関係性を結ぶことだと捉えれば、最もわかりやすいというのが私の提案だ

客観的には身体と精神は情報の流れである　よって精神的共生

関係とはこの二つの流れが互いに同調を始めることといえる

    例えるなら二つのブルートゥース機器をペアリングする、あるいは電話回線をクラウド上の情報に繋ぐようなものだ

魂の流れがもう死後のイメージ次元（imagnos）にいられなくなると、魂の流れはもっと創発性の低い身体の流れと共生関係に入るのだ

    魂の流れが死後の次元から「降りてくる」と、その中に新らしく生じつつある身体の流れを組み込む　すると魂の流れは身体の流れを超越しかつ包含する

魂の流れが新しい身体の流れとの共生関係に入ると、身体に起きることは精神に影響しその逆も起こる

    こうして魂は生命世界に根を下ろし、超生命次元の深みを経験する魂の能力は制限される

私たちは創発性の低い状態にいると意識が低くなり記憶も低くなる…　つまり輪廻転生は忘れる経験である

    身体と魂が共生関係にある間は、私たちは死後の次元での経験や過去生経験を思い出すことはほとんどない

だが身体が死んで共生関係が終わると、魂は生命世界を去ってもっと創発性の高い超生命次元に溶け入り、そこでそれまでのすべての経験を思い出すことができる 7.4

私の言っていることを理解するために、こんなふうに想像してほしい…

とても背の高い人が背の低い人の手を握り締めているとする、するとどちらかが手を動かすともう一人の手も動く…ということは背の高い人は手を高く挙げることができない背の低い人はそこまで手が届かないからだ

この例えでは、背の高い男性はより創発性が高く超生命次元に到達することができる魂の流れを象徴している　だが創発性の低い身体の流れに繋がっているためにそうすることができないのだ

だが身体が死ぬとこの手は放されるので、魂の流れは解放されて死後のイメージ次元（imagnos）の中に舞い上がっていき　超意識となってその深い性質を思い出すのだ

7.9 　眠りに落ちることと生に落ちること

前に過去牽引性（pastivity）ついて話したが、これは蓄積した
過去の「重さ」であり時流を創発性のもっと低い状態に引き戻
すという内容だった 6.2

　　よく思い当たる例としては、もう眠らなければと思う時だ
　　この時、私たちは身体を無意識の状態に引き戻そうとする
　　無意識の「重さ」を感じているからだ

同じように魂を死後のイメージ次元（imagnos）から引っぱり
出して創発性のより低い生命世界へ戻しているのは、この過去
牽引性（pastivity）のパワーであると私は提案する

　　身体の流れが眠りに落ちる必要性に抵抗できないのと同じ
　　ように、魂の流れはより意識の少ない状態へと引き戻そう
　　とする創発性の低い過去の「重さ」に抵抗できないために
　　転生するのだ

誕生と死を繰り返すサイクルを通して、魂の流れは生命世界と
死後の次元を起伏する波のように流れるのだ　より偉大な実現
化に向かう進化の推進力によって上方へ持ち上げられては創発

レベルの低い過去牽引性（pastivity）によって下方に引き下ろされるのだから

　　魂の流れは必然的に生と死のサイクルを繰り返す　身体の流れが必然的に目覚めては眠るのと同じである

転生は死後のイメージ次元（imagnos）に居続けることができない　つまり失敗ということではない　睡眠が目を覚まし続けていることが失敗ではないのと同じだ

　　睡眠は目覚めの状態からもっと原始的状態に落ちていくことである　だがネガティブな経験ではない　睡眠によって私たちは元気を回復させ再活性化して目覚めることができるのだから

　　同じように輪廻転生は死後の次元からもっと創発性の低い生命世界へと落ちることだが、身体の流れと新たな精神的共生関係に入るのは良いことである

よって私はこのように捉えている…

　　身体の流れは定期的に睡眠状態に入る必要がある　なぜならこの創発性の低い状態は身体の流れがもっと創発性の高い目覚めの状態を経験する能力の土台となっているからだ

　魂の流れは定期的に生命世界に入る必要がある　なぜなら
この創発性の低い状態は魂の流れが、もっと創発性の高い
超生命次元を経験する能力の土台となっているからだ

7.10　身体を愛する

輪廻は進化から見ると有益なプロセスであり、このプロセスを通して魂の流れは形成されているように私には思える

　　輪廻転生すると、私たちは新しい文化設定において異なる身体と共生関係を持つ…　つまり魂の流れの特徴がまったく新しい形で形成されることになる

　　私たちは特定の身体と関係を結ぶ時、その身体が生じる元となったすべての祖先の時流と関係を結ぶことになる　それによって私たちはこの世界で果たす役割や病気になる可能性、身体能力あるいは身体障害の性質まで影響を受けることになる

魂は特定の人生において、その潜在力を実現させるために身体と協働するのだ

　　だが、魂の流れと身体の流れは共生関係において明らかに異なる時流である　つまりそれぞれに課題があり互いに対立し合う可能性もあるということだ

身体はある程度までは魂に従う、だが身体には身体のニーズがあり私たちの意図に関係なく独自に機能している

最終的には身体はこの世界の一部であり、いずれ身体は死んでこの世界に戻っていく

したがってこの私の身体は完全に**私のもの**ではないと思える…身体は身体**そのものにも属している**からだ

それよりもこの人生の旅を歩むための同伴者のように思い感謝している

私たち…身体と魂が共にいる間…私たちのこの共生関係とそれがもたらしてくれるすべての素晴らしい経験を享受しようと私は心に決めている

完全に身体を持って存在している実感と感覚世界との繋がりの実感を、私は心から熱望しているのだ

7.11　初めの魂

輪廻転生について熟考すると興味深い疑問が出てくる…

いまこの瞬間に、私たちの地球には70億人以上の人間が住んでいる

1万年前には、ほんの500万人しかいなかった

もし魂が転生しているのであれば、この人口の飛躍的増加はどのように説明しよう？

私が提案するのは、魂の流れは生命の流れが進化したものであるから、一番の可能性はこの進化がいまも起きているということだ

一部の身体の流れは転生している魂の流れと共生関係を持つ間に、ほかの身体の流れが生じて新たな魂の流れが起きているのだろうか？

他の可能性、私はこの他の可能性に特に惹かれるのだが、一つの魂の流れが増殖している可能性である

現代のすべてのホモサピエンスの遺伝的祖先を遡ると、ミトコンドリアのイブとして知られる一人の女性にたどり着く

すべての不死の魂も同様に一人の共通の祖先から派生しており、それが初めの魂の流れとして不死になり輪廻転生しているのだろうか？

輪廻転生のプロセスにおいて細胞が分割して増殖するように、魂の流れも分割して増殖することができるのではないだろうか？

初めの魂の流れはたくさんの身体の流れと共生関係を持ち、たくさんの独立した魂の流れとして存在していたのだろうか？

もしそうだとしたら、すべての魂の流れは一つの深い過去を共有し、私たちはそれを無意識の集合的魂として経験していることになる

私たちが特定の魂たちと深い親密性を感じる理由は、もしかすると私たちは最近の過去で一つの魂の流れだったのだろうか？

私はこの概念に惹かれる　なぜならこれは科学の中心的概念と

共鳴するからだ…

　すべての物質はゼロの瞬間に初期特異点から進化している

　すべての生命の種は初めの単一細胞から進化している

　すべての現代人は一人の女性から進化している

　同じようにすべての不死の魂は一つの不死の魂から進化し
　ているのではないだろうか？

まとめ

7.1 死は安全である
歴史全体を通して人々は魂の不死性と輪廻転生を信じてきた

7.2 進化の進化
新しいレベルの進化プロセスが現れて魂の流れの個体化の継続を促進した、この魂の流れは不死性と輪廻転生を必然的に伴う

生命の流れは宇宙の時流において一時的に個体化した流れである

魂の流れは宇宙の時流において永遠に個体化した流れである

7.3 意識的な時流
意識は「脳」と呼ばれる複雑な有機「物」の産物ではない

意識は高次に進化した時流の特徴である

7.4　記憶と過去

気お気は脳に保存された過去の経験ではない　なぜなら思い出すという行為は現在に暗に存在する過去について考えることであるからだ

身体と魂は創発的関係性にある　よってもし脳が不具合を起こすと私たちが思い出す能力に影響を与える

死後の状態において私たちは人生経験のすべてを思い出す　なぜなら魂の流れはもはや身体の流れとの関係性に制限されていないからだ

7.5　夢と死

死後の経験が夢のように聞こえるのは死後の次元は集合的な一つの夢であり、私たちの個々の夢の経験から進化してきたものだからだ

7.6　死後のイメージ次元（imagnos）

死後のイメージ次元（imagnos）は魂の流れ同士が互いにイメージを投影しあいながら共同創造され、相互に主観的な想像的現実を形成する

7.7　天国の進化

死後のイメージ次元（imagnos）の性質は進化し、徐々に鮮明さ・複雑さを増して象徴的に有意義な共通の夢と

して形成してきた

7.8 精神の共生

輪廻転生はある魂の流れとある身体の流れが共生関係に
なった時に起きる

二つの情報−流れが互いと同調している状態ともいえる

この共生関係が進行している間に身体に起きることは精
神にも影響し、その逆もまた然りである

7.9 眠りに落ちることと生に落ちること

過去牽引性（pastivity）は魂の流れを死後のイメージ次
元（imagnos）から引き出してまたより創発性の低い生
命世界で輪廻転生に戻す

魂の流れはもっと創発性の高い死後の次元での経験を維
持するために、定期的に生命世界に入る必要がある

7.10 身体を愛する

新しい人生に転生することで魂は根本的に異なる経験を
得ることができ、そうして魂は進化することができる

身体は魂がある特定の人生においてその潜在力を実現さ
せるために魂が協働するものである

身体は私たちが人生の旅を歩むための同伴者のようなものである

7.11 初めの魂

すべての不死の魂は初めの一つの不死の魂から個体化した可能性がある

8

魔法の現実
THE REALITY OF MAGIC

死後の次元は、私たちが共に作り上げる一つの共通の夢である
という概念をこれまで探ってきた

だが時おり、人生は夢のように、奇妙なシンクロニシティに溢
れかえることがある

科学的客観主義者達は、すべては物質の因果律によって説明で
きるとして私たちの不思議な経験は棄却される

これらの経験はリアルであり、創発スピリチュアリティは人生
の魔法を理解する道を示してくれるとして私は異を唱えたい

8.1　人生が夢のようになる時

私の経験では、人生が夢のようになる時がある

　　意味深長な偶然が起きて私の意図が魔法のように叶えられ
　　るのだ

　　起きたことは「必然」のように思われ、自分の人生は運命
　　によって導かれているという感覚になる

私の人生には何度か魔法が起きた…　私の知るほとんどの人が、
そのような経験をしている

　　前著書ではそのような驚くべき経験をいくつか記したが、
　　ここではやめておく　いまはシンクロニシティが現実であ
　　ることを説得することが目的ではないからだ

　　もしあなたも似たような経験をしているならおわかりだろ
　　う…　もしそのような経験がなければ私の幻想的な話は役
　　に立たないであろう　私の話は空想で、あるいは信頼でき
　　ないと思うだろうからだ

　　本書の目的は私が生きてきた上でのすべての経験を元に根本原理を探究することである…　その私の経験には、人生の魔法が確固として含まれているのだ

科学的客観主義者達はこういった変異的経験を幻想として棄却し、一方でスピリチュアリティは魔法をただ説明不可能な奇跡と捉えることが多い

　　私の関心は魔法的なできごとを説明可能な自然の事象として探究することである

　　だがそのためには、私たちの自然そのものに対する感覚を大きく広げて以前は超自然と捉えたことも自然として包含する必要がある

以下の例えを考えてみよう…

　　少し前に、私はインターネットでとても素敵なシャツを購入しようか迷っていた

　　フェイスブックのメッセージに返答していたら、サイトのページの脇に私が購入したいと思っていたシャツの広告が載っていることに気づいた

　　これは私にこのシャツを買いなさいというメッセージを

　送ってきた驚くべきシンクロニシティであろうか？

　もちろんそうではない…　フェイスブックは私が他のサイトでこのシャツを見ていた履歴を追跡して故意に私向けの広告を提示しているのであり、私が心の内で何を求めているかを知っているのだから

この魔法の仕組みがわかれば、人生の魔法も説明がつくのではないだろうか？

8.2　サイキック経験

前に、魂の流れは客観的には魂−情報の流れであり、これが超生命の次元で非局所的に継続的に繋がり合っており、これが「サイキック」の経験として共通して体験される形態を生み出しているという概念を提示した

　　私の知っている多くの人々が誰かから電話がかかってくるのを予知したことがある、あるいは親しい家族に何か良くないことが起きそうなときに予知した経験があると報告している

　　なんらかの形で突出した魂−情報を受け取る時、私たちはそれを特別な「サイキック」経験だと捉える、だが実際にはこれは私たちの日々の魂−繋がりから生じている

私は生涯を通してありとあらゆるサイキック経験をしてきたが、だからといって誰かが私にサイキック能力で伝えようとしているテストカードのシンボルを読み取ることはできない

　　この種の実験は魂−繋がりを必死で再現させようとしているように思われる、なぜならそれは前に話したように**物語**

性を特徴とする超生命の次元で起きるからだ 5.4

サイキック経験の大半は、繰り返してテストしたり計測したりできる事象ではない　なぜならそれらは展開中の人生−ストーリーの一部として特定の時間に起きるからだ

だからサイキック能力をテストしようとするのは、誰かが恋に落ちる能力や天才的アイデアを思いつく能力をテストしようとするようなものだ…　こういったものは要求に応じて起きるものではない、**ストーリー**の内容にしたがってそのような経験が起きるのだから

私が提案したいのは私たちの人生の魔法的経験をすべて理解するためには、物語の重要性を理解することがキーとなるということだ

前に私たちは死後のイメージ次元（imagnos）の集合夢を私たちが共同創造していることを探究した 7.6

いまここで、私は非局所的な魂−繋がりは私たちの日常生活のストーリーをも形成しているということを示したい

8.3 因果と物語性

通常、私は世界を日常的で因果的な現実として経験する　だが
時折、私の経験は夢のような魔法のような経験になる…　とい
うことは、私の人生経験は一つの因果的現実と一つの夢の現実
が互いに作用しながら作られているといえるのではないか？

前に、宇宙は死後のイメージ次元（imagnos）へと進化を
遂げたと提示した…　つまりこの世界は集合的な因果の現
実であり、そこから夢の現実が創発しているのだ 7.5

これらの現実が相互に交流して私たちの人生の経験を日常
的なものと魔法的なものの両方を創造しているのではない
か？

生命-世界（life-world）は因果律が司っている、だが魂-次元
（soul-dimension）は想像…意味…魂-ストーリーの特徴を帯
びている

魂-次元での私たちの物語は、この因果の世界で私たちの
人生がどのように展開するかを決めることができるという
のが、私の示したい考えだ

これには呼び名が必要であるから、これを「物語性（narrativity）」
と呼ぼう

　　私たちの経験は生命−世界の**因果律**と超生命の魂−次元の
　　物語性が相互作用して生まれているように私には思える

　　魂の物語性の創発性が高くなると生命−世界の因果律を形
　　成する　この生命−世界の因果律はそれに先立ち、土台と
　　なって支えている

科学では、現実は因果の法にしたがう物理界に過ぎないと考え
る、だが魂−次元の創発以降はこれは該当しないというのが私
の考えである

　　「自然の習慣」に司られている生命−世界は魂の**物語性**に
　　よって形成され、この物語性は人生の魔法を生み出す

身体と魂は共存し、二つの進化の創発レベル間で相互作用して
いることを前にみてきた 4.4

　　ここで私が示したいのは、**因果律の宇宙**と**物語的死後のイ
　　メージ次元（imagnos）**は共存し二つの進化の創発レベ
　　ル間で相互作用しているということだ

物語性がこの因果の生命−世界でどのようにものごとを形成し

起きていくかは、私の意図が私の身体の動きをどのように形成
するかに例えることができる

　　私の身体は私の魂からの介入がなくとも自ずと大半のこと
　　を行う…　だが私の魂は私の身体の意志的行動を導く

　　同様に生命−世界の因果律は起きていることの大半を司っ
　　ている…　だが超生命の物語性は私たち一人ひとりに展開
　　するストーリーラインを形成する

魂は身体のすべてを動かしてはいないのと同じように…物語性
は人生−ストーリーの形成のすべてを動かしてはいないのだ

　　身体は精神の意図を実行する　だが可能な場合に限られる
　　なぜなら魂が身体に飛べといっても飛ぶことはできないか
　　らだ

　　同じように物語性は展開していく人生−ストーリーを形成
　　することができるが、時流の過去に基づいて可能な形のみ
　　に限られる

伝統的宗教の原理の中には「次元を降りてくる」と教えている
ものがある　これは生命−世界で起きることは現実のより高次
レベルで起きていることから生じているという意味である

これを創発スピリチュアリティは新たな形で理解させてくれるのだ　なぜなら魂-次元と生命-世界がいかに相互作用しているかを説明するからだ

因果律は「下」からのものに影響を与え、物語性は「上」からのものに影響を与えるのである

8.4 　多人数参加、人生の双方向型ゲーム

私は因果律の生命−世界のコンテクストの中に設定された有意義なストーリーとして、人生を経験する

　　これらのレベルがどのように共存しているかを理解するために有用な例えとして、人生を多人数参加型の双方向型コンピューターゲームを考えるとよい

ゲームには仮想現実を支えるためのオペレーティング・システム（OS）があり、その中で私たちはゲームの物語を探究するために互いと交流する

　　これらのレベルが共存し機能することで、ゲームをするという経験が生まれる

プレーヤーである私たちの本当の興味は、ゲームのストーリーのみに向いている…　もっと下位レベルのプログラミングに意識を向けることはあまりない、なぜなら冒険に従事したいからだ

　　ゲームをしている間、これは人生でも同じだが、私たちは

物語のレベルで行動する　そしてそれがどう機能するかは
オペレーティング・システムが行ってくれる

プログラムは私たちがシステム内で行うすべてのことを把握し
ている、過去は時流の中に永遠に存在しているのと同じように
…　よってシステムは私たちについて得た情報を反映させなが
ら、ゲームの経験を形成することができる

システムはシンクロニシティを生み出すこともできる…
フェイスブックが私にあのシャツを売ろうとしたのと同じ
仕組みだ

私たちがマスターすべき次のレベルの冒険へと、私たちを
導くことができる

もしミッションに失敗して殺されても、新しいアバターで
また始めることができる

ゲームをしている経験は、因果律レベルと物語レベルの両方で
同時に生み出されている

物語レベルは、それに先立ち土台となっている因果律レベ
ルに減退することはできない

もしデジタル情報の動きを説明するだけなら、ゲームの中

で起きていることはまったく理解できないだろう

だがゲームのストーリーはデジタル情報の動きを通して展開している

同じように、人生も因果律レベルと物語レベルの両方で同時に生み出されているというのが私の提案だ

コンピューターゲームのすべてのレベルが情報の流れであるように、客観的に存在のすべてのレベルはあらゆる創発レベルにおける情報の流れである… このように見ると、魂 − 次元がどのように生命‐世界に影響を与えうるかが理解できる

宇宙の時流は客観的には一つの情報の流れであり、それが個体統合化（unividuation）されてたくさんの進化する情報の流れになっていく… よってすべての創発レベルのすべての情報の流れは互いに繋がり合い、影響を与え合っているのだ

8.5　競合し協力する魂-ストーリー

前に、生命-世界は競争と協力の生命の流れによる生態系であると提示した…　そして魂-次元はあらゆる魂-ストーリーを持つ魂の流れの競争と協力の生態系である　5.4

　　私たちは通常は私たちの魂-ストーリーが私たちの振舞いに影響し、それが世界に影響するものと考えている…　だが私が提示しているのは、魂-ストーリーも物語性のパワーを通して世界に「魔法のような」影響を与えているということだ　8.3

私たちの魂-ストーリーがいかに超生命次元で互いと相互作用して死後のイメージ次元（imagnos）の経験を生み出しているかを前に見てきた　7.6

　　ここで私が提案したいのは、この創造的な魂-ストーリーの交流は常に非局所的に起き続けているということ…　つまり私たちは集合体として魂-次元の物語性を作り出していて、それが生命世界でのものごとの作用を形成し続けているということだ

スピリチュアルな集まりに行くと、よく「あなたはあなたの現実を生み出しているのだ」と互いを励まし合っているのを耳にする

　こう聞くと力づけられる気はするが、実際には道理を成していない…　もし私が自分の現実を生み出していてあなたが私の現実の一部だとしたら、あなたはどうやってあなたの現実を作り出せるだろう？

私は違うことを言っている

　私が提示しているのは、私たちは集合体として魂−次元の物語性を生み出しているということであり、個々がそれぞれの現実を生み出してはいないのだ

私は以下のように捉えるようになった…

　私たちの魂−ストーリーは、私たちの未来についての意図を定義する

　意図とは初源的潜在性について問われている疑問のようなものだ…　**「この可能性は実現され得るだろうか？」**

　答えは、過去の性質が意図の成就に順応できるかどうかによって変わる

もしできるのであれば、この可能性を実現させる方向に
向かって魂-次元の物語性によってその人生-ストーリー
（life-story）は形成されていく

意図が実際に成就するかどうかは、魂-ストーリーの競争
と協力の生態系の中で他の魂の流れがどのような意図を
持っているかによって左右される…　ある特定の可能性を
支援するかもしれないし実現を妨げるかもしれない

生物学的生態系の中で何かが一つ変わると環境全体に影響する
ことが今ではわかっている

同様に、一つの意図は物語性の生態系のすべてを変容させ
る力がある…　そして魂-次元の物語性と生命-世界の因
果律との相互作用の形も変えるのだというのが、私の提案
である

だからこそ、良い意図をもって生きるとただ単純に選択す
ることで、この世界をより良い世界にするために大きく貢
献することになるのだ

8.6 意図的な魔法

古代より人間は魔法を実践してきた

　　草創期の洞窟壁画は魔法の実証と解釈されてきた…　宗教
　　の大半は魔法的儀式への参加に関与している…　偉大な哲
　　学者達の中には魔術師もいた、昔の科学者アイザック・
　　ニュートンもその一人である

私たちの思考が魔法のような形で私たちの人生に起きるものご
とに影響するというのは、本質的な考え方のようだ

　　もし、これが科学的客観主義者たちが言うように完全な間
　　違いだとしたら、これは非常におかしな概念が何の理由も
　　なく現れて遍在しているということになる

　　だが人間はこれまでずっと魔法を実践してきたというのが
　　私の提案である　なぜなら人間はものごとの仕組みを直感
　　的に理解してきたからだ

懐疑派は、魔法を「希望的観測」として棄却する…　まさにそ
の通りであるからおかしなことである

　　魔法とは、ただ起きてほしいと望むことによって何かを起こすことだ

魔法は物語性の意識的操作である

　　魔法は、魂-ストーリーの生態系に影響を与えることを選択する、競争・協力する魂の流れの中である特定の意図の実現を促すのだ

私たちは、私たちの物語的意図でもって常に魂-ストーリーの生態系に無意識に影響を与えている…　私たちの多くは意図的に魔法を実践しているのではないかと私は思っている、ただそれを魔法と呼んでいないだけだ

　　当然ながら、ある意味では単純に腕を上げると意図して腕が上がるのも意図的魔法の一例である

魔法は、私たちが実現させたい創造的可能性に意図を集中させるという創造的行為だ

　　伝統では、儀式や祭事を用いることによってこの集中が起きやすかったのかもしれない

現代においては、私たちは意図を強化するためにそれと知らずに魔法的儀式を実践していることがよくある

たとえば、サッカー選手は試合の前に小さな儀式を行う、これは馬鹿げた迷信と見られているかもしれないが…　だがそうすることで勝って物語性のパワーを利用しようという意図に集中できるのではないだろうか？

サッカー選手達は高パフォーマンス状態を示す「ゾーン」について語っている…　だが私が興味を引かれるのはゾーンにいる選手達は最高のプレイをするだけではなく**幸運**を得ることである

ボールが彼らにとって的確な場所に落ちたり決定的瞬間に敵対者が足を滑らせたりする…　なぜなら彼らは単に**ゾーンにいる**だけではなく、**流れに乗って魔法の1日を経験している**からだ

サッカー選手達は試合において幸運の大切さを知っているから、幸運を味方につけるために魔法のような迷信を実践しているのではないだろうか…　だが魔法はいつも作用するわけではない…両方のチームが勝つことはできないからだ！

一つの意図を物理界の単純な因果律を通して実現させるのは非常に困難である…　サッカー選手がフリーキックを何度も繰り返し練習しても、大半は外すのを見ていればわかることだ

同様に、物語性を魔法のように操作しても通常は功を奏さ
ない…　それは単に私たちのすべての意図を実現させるの
は不可能だからだ

私のこれについての観点を理解するために、意図を種のような
ものだと想像するとよいだろう

種は木に成長する意図である、だがそれが木に育つかどう
かはその種が植えられた土壌の性質に左右される

同様に、もし生命-世界がその意図を簡単に実現させるよ
う助長すればそれは実現するであろうし、条件に不都合が
あればおそらく起きないであろう

私たちは蒔いたものを収穫する…　だが蒔いたものが必ず
育つとは限らないのだ！

8.7　参加のお誘い

私たちの人生-ストーリーが形成される中で、超生命物語性は
私たちの自由意志を覆すのだろうか、物語の意図を成就させる
ために私たちは人形のように動かされるのだろうか?

　　私は完璧なライフパートナーに出会おうという意図がある
　　…　したがってその魔法が起きるために、私の未来の妻は
　　然るべきタイミングに然るべき場所に配置される…　私の
　　ためには少なくともそうあってほしい!と

私はそうはいかないと思う…　以下が私が思うところである

　　超生命の物語性が私たちの人生-ストーリーで起きること
　　を形成している時、他の魂の流れ達はその展開しつつある
　　物語に協力するようお招きがかかる

　　この招きはこれから入っていく状況として現れるかもしれ
　　ない…　あるいは、思考として現れて黙って従うか無視さ
　　れるのかもしれない

　　誰も物語に従わねばいけないとは感じていない…　これは、

　　意図が実現するのを阻む制限的要素の一つである

だが、魂の物語性も含めて私たちが何かに応じようと意識的に
選択する度合というのは、私たちが一つの魂の流れとどのよう
に個体化しているかにかかっている

　　私たちの個体化レベルが低く、意識的レベルが低いほど、
　　私たちは熟考や意識的選択をせずに集合的魂の中の動きに
　　流されやすくなる…　魂-次元の物語性に無意識に流され
　　ることもあるのだ

8.8 　ブラックマジック

物語性は、倫理的に中立な自然のプロセスのように私には思われる、そのため善のためにも悪のためにも利用されることがある

> ある特定の魂-ストーリー内に何が善かという概念が生じると、それを実行しようとするのが魔法である…　もっと創発性の高い視点から見ると、その**善**の概念が**悪**であっても、である

> 「ホワイトマジック」は最高次の創発性の可能性を実現しようとする、それは世界により偉大な愛と繋がりをもたらすことである

> 「ブラックマジック」は「悪」の可能性を実現しようとする、なぜなら創発性的な方向性ではなく後退的な方向性に時流を動かすからだ 6.7

驚異的・魔法的な出来事は愛深く目覚めた人々にだけ起きるわけではなく、誰にでも起き得る

たとえば、不健全な宗教カルトに荘厳なシンクロニシティが起きるのを私は見たことがある

すると彼らは、自分達は何か特別なものに属していると思いこむ、だが彼らが実際に目撃しているのはどこにでも起き得る自然現象である

カリスマ的なリーダーは、聞き手を操作するためにいかなる時も意図の魔法のパワーを利用している　そうしている自覚がなくともだ

アドルフ・ヒトラーなどもその一人で、彼は自分の意志を実現させるために意識的に魔法を使ったが、彼の場合は真に「悪」だった

このような場合は可能性の実現に参加する**招き**はそれほどないが、精神的いじめの一種として従順を強制したのだ

これは特に意識レベルの低い魂達を餌食としており、その魂達は集合レベルからの個体化が低く無意識に操作されやすい状態にある魂達である

8.9　あなたの運命をまっとうする

多くの人が運命というものを感じて、一定の事を「なるべくしてなっている」と言っている

　　まるで人生は地図のように前もって描かれているような感覚で、私たちは一定のことがらを経験したり、その中で特定の人々と出会うことが定められているかのようだ

　　私は人生をよくそのように経験してきている…　まったく、この本を書くのも運命だと感じている

次の人生で特定の重要な事象を経験することを生前に意図し、それを運命と考えられるのではないか…　これが物語性に力を及ぼしてそれらの事象をできるだけ実現させる人生-ストーリーが形成されるのだ

　　あなたの運命はあなたの人生スクールのカリキュラムであり、それを通してあなたは魂の深い可能性を実現させるべきチャンスが与えられる

私たちは転生の前に人生-運命を意識的に選択しているのだろ

うか？

　　私たちが夜に見る夢は無意識な魂の側面の表出として自発
　　的に現れる…　これと同様に私たちの未来の進化のために
　　相応しい人生−運命は私たちが輪廻転生する際に無意識な
　　魂によって作られるのではないだろうか

　　だが魂として進化していくと、徐々に運命を意識的に選択
　　できるようになるのかもしれない

夢の中で私たちは過去生によって生じた精神的困難を探究する
ことがある

　　同様に私たちの運命は、それ以前の人生で負った魂の傷を
　　見つけて癒せるような人生経験を生み出すことができると
　　私は考える

誤解しないでほしい…　起きることはすべて前もって定められ
ていると言っているのではない…　それどころかむしろ逆だ

　　運命と宿命は別のものだ…　宿命とはあなたが人生を生き
　　る前からすべては完全に定められているという概念である

　　私は宿命という概念は気に入らない　なぜなら選択という
　　現実を無視しているからだ

運命はそうではない、運命はあなたの人生を一定の方向性に導くということだから…　あなたはその方向性に到達するかもしれないし、しないかもしれない

あなたの宿命は不可避だ…　だが運命は実現の失敗が可能なのだ

面白い例えを示そう…

たとえば私はロンドンに行こうと決める、これは運命である

私はGPSナビに従って旅をしている　だから何処かで曲がり損なってもGPSは新しいルートを調整し直して同じ目的地に向かわせてくれる

同じように、もし私が道を逸れても物語性は私が運命を成就させるチャンスを得られるように人生-ストーリーの方向性を調整し続けるのだ

私の役割は、道を誤った時に直感のGPSの声、「**可能な時に引き返してください**」という声を聞き取ることである

まとめ

8.1 人生が夢のようになる時
魔法のような経験はごく一般的にあり、私たちはなぜそんなことが起き得るかを理解する必要がある

8.2 サイキック経験
私たちは超生命次元に非局所的に常に繋がっており、これが「サイキック」経験という一般的に経験されている形態を生み出す

サイキック経験は展開中の物語性の一部として起きる

8.3 因果と物語性
私たちの概念的物語は因果の世界で私たちの人生の展開を魔法のように展開させることができる

人生−ストーリーは生命−世界の因果律と魂−次元の物語性によって作られる

物語性は人生−ストーリーを形成するが、蓄積した過去から可能な範囲に限られる

因果律は「下位」のものに影響し物語性は「上位」のものに影響する

8.4 多人数参加、人生の双方向型ゲーム
人生は因果レベルと物語レベルの両方で同時に起きているコンピューターゲームのようなものである

8.5 競合し協力する魂−ストーリー
意図は競争・協働する魂−ストーリーの生態系において互いに作用しあい、人生−ストーリーを形成する集合的な物語性を創造する

ある意図の実現が可能であれば、物語性はその方向性に動いていくような人生−ストーリーを形成する

8.6 意図的な魔法
魔法は物語性に意識的に影響を与えようと試みることである

魔法は時々にしか働かない

8.7 参加のお誘い
私たちは物語性に操作されてはいない、それよりもむしろある特定の物語の展開に参加するように招かれる

8.8 ブラックマジック
魔法は倫理的には中立の現象である

ホワイトマジックは世界に善をもたらす最高に創発性の高い可能性を実現しようとする

ブラックマジックは後退的な「悪」の可能性を実現しようとする

8.9 あなたの運命をまっとうする
生まれる前に次の人生において一定の事象を経験しようと意図したものが運命であり、可能な限りそれらの事象をもたらすような人生−ストーリーを形成するよう物語性に影響を与える

運命は人生スクールにおけるあなたのカリキュラムであり、これによってあなたの深い魂の潜在力を実現させ魂の傷を癒すチャンスが与えられる

9 神の創発
THE EMERGENCE OF GOD

私たちは、これまでの魔法のミステリー・ツアーで現実の多次
元的性質をより深く味わってきた

本書の初めに、私は進化の旅は何処か壮大な所へ向かっている
と提案した…　それがどういう意味なのかをここで説明しよう

魂の進化のプロセスを通して存在の新しい次元が現れている
そしてこの由々しい進展を理解するためには死後に何が起きる
かを今一度見ていく必要がある

9.1　愛-光

臨死体験をした人がその経験について話す時、彼らは「光の存在」と歓談する段階があり、その時に特に感動している　光の存在は深い平安と壮大な慈愛を発しているという

　　私が覚えているのは、屈強な元兵隊が戦闘中に経験したという臨死体験について話していた時、彼は「愛 – 光（love-light）」と呼ぶ経験を思い出して喜びに涙しているのを見たことだ

これは8世紀の「チベット死者の書」に書かれている死後経験の説明と共通している

　　そこには魂が「空の輝き」を経験する様子が説明されており、「クリアな光」は形のないスピリットである彼らの本質的な性質であることに気づくよう促している

前に、進化の最先端は霊的目覚めであることを私は提案した
4.9

　　ここで私が提案したいのは死後、身体との精神共生関係か

　ら解放されると私たちは完全にスピリットの実現に浸りきることができるということだ…　それを私たちは光−愛との歓談として経験するのだ

　死は自己実現の旅の成就である、なぜなら死は可能な限り深遠な形で自らを知る至上のチャンス、つまり私たちは形をもたない潜在性の光だと知ることができるのだから

私たちは死によって人生が最終的に無意味になるのではないかと恐れている…　だが実際は死によって人生の深い意味が明らかになるのだ

　進化の旅はスピリットの愛−光との交信状態に至っている…これはすべてなるワンネスと余すところなく包含する慈愛の経験である

したがって私たちはもっとも欲しているものをもっとも恐れている…　なぜなら**死は愛**なのだから

9.2　大海の一滴？

死後の状態で愛–光に出会うとき、偉大な霊的ゴールは一滴の
水が大海に戻るごとくワンネスに溶けていくことだとよく人が
言っているのを耳にする

　　私にはこれはしっくり来ない…　なぜならもし私たちはた
　　だ大海に戻りいくだけなら、その一滴は完全に無意味にな
　　るからだ

　　私たちが遂げてきたこの旅…私たちの過去を成すすべての
　　経験…　私たちの苦闘と喜び…　私たちの愛と喪失…　私
　　たちが見出した叡智…　私たちの魂としての存在…　どれ
　　ひとつ真の重要性はない

　　もしすべては元きたワンネスに溶けて戻っていくとしたら
　　…　人生という素晴らしい冒険のすべては起きなかったか
　　のようだ

この人間の旅の虚無的な視点に代替案を提案したい

　　私には形なきスピリットに戻り消えていくなんてあり得な

いと思われる　なぜなら私は蓄積した過去から成り立つ魂
の流れであり、その過去の蓄積は解体できないからだ

私の魂の流れは形なき潜在力から形成されたものであり、
形を成したものは永遠に形を残すからだ

自分の個体性を元の初源的ワンネスに溶けて戻ることはできな
いし、それは良いことなのだ…　説明しよう

スピリットは**無意識なワンネス**から**意識的個体性**を通して
意識的ワンネスへと自己実現していく旅をしていることを
前に見てきた 5.5

形なきスピリットの無意識の潜在力は、個の経験−流れと
して創発することによって意識的になる

私たちが霊的に目覚めると私たちはスピリットの本質的ワ
ンネスに意識的になる…　**だが私たちは個の魂の流れであ
るから、私たちは意識的になるだけである**

つまりもし私たちが形なきスピリットに溶けていくのだと
したら、私たちは意識的ワンネスに目覚めようがない…
それよりもむしろ初源的な**無意識なワンネス**の状態に戻る
ことになる

よって私が皆さんにお伝えしたい洞察は次のようになる…

存在の深い目的は、死に際して元の初源的ワンネスへ戻り
溶けいくことではない…　むしろその逆である

魂の流れは個体性を維持する必要がある　そうすれば**意識
的**に愛−光と交わり合うことができるからだ

いくつかの仏教伝統は、もし私たちが「空のクリアな光」との
融合に失敗すると、私たちは生命−世界に輪廻転生すると教え
ている…　だが私が提案しているのはその逆だ

私たちが輪廻転生するのは愛−光の中で個としてのアイデ
ンティティを消滅できないからではない

**私たちは個の魂として愛−光の中で意識的でい続けること
ができないから輪廻転生するのである**

魂の流れは、愛−光と交わり合うあいだ意識を維持できるよう
に強い個性を形成しておく必要がある

この意識レベルをもう持続できなくなると、魂の流れは生
命−世界へと輪廻転生して戻っていくのである

そして人間として生きるというチャレンジに直面すること

によって、魂は将来より深いスピリットを実現させるため
に必要な個性を発達させることができるのだ

9.3　　魂たちの交わり

グノーシス主義者達は初源のスピリットは**闇‒光（dark-light）**であると刺激的な描写をしている

　　これは、もし光だけが存在していて光を映し出すものが他に何もなければ闇となるであろうという深遠なパラドックスを示している…　外宇宙は光で満たされているにもかかわらず闇であるのと同じようにだ

　　つまり闇‒光は、初源のスピリットの形なき潜在力を表す素晴らしい名称である…　闇である純粋な光なのだ

進化プロセスを通して**闇‒光**は**愛‒光**として生じているということを提案したい

　　愛‒光は時間の外に存在する神聖な存在であるというのが共通の推測である…　だが私から見ると愛‒光は着実に存在を成しつつ、ある存在の創発的次元であるように思われる

　　死後のイメージ次元（imagnos）、あるいは他のすべてと

同様に**愛−光は進化中なのだ**

私はこのような視点に至った…

　　スピリット−実現の状態において魂の流れ達が集まって愛
　　−光は創造される

　　個々の魂の流れは愛−光を創造するために共に輝く個々の
　　フィラメントのようなものだ

　　私はこれを「魂の交わりcommunion of the souls」と呼
　　ぶ…　キリスト教の神学理論から拝借した古いフレーズで
　　ある

死後の状態において私たちはワンネスの中に溶けてはゆかない
…　むしろ魂の交わりの中で意識的個体たちが混じり合う…
新たな創発レベルとして愛−光を創造するためである

　　私はこの創発の新たなレベルを「超越スピリット
　　（transcendent spirit）」と呼ぶ　これは初源的スピリット
　　の無意識なワンネスはいまや、自らを意識しているからで
　　ある

進化プロセスは物質、生命、魂を創発させてきた…　そしてい
ま超越スピリットの存在が生まれつつある

超越スピリットは創発性の最も高いレベルの時流である、
これまでに先行し土台となっているすべてを超越し包含し
ている

進化プロセスにおいて個々の時流が混ざり合ってより大きな全
体性を形成するとき、個の統合が起きる

たくさんの単一細胞が混じり合って多細胞性の有機体を成
すように…たくさんの魂が混じり合って超越スピリットを
創造するのである

個体化した魂の流れはスピリット–実現の中で交わり合っ
てより大きな全体性へと**個**を統合させていく

伝統的宗教の言葉で表現すると、このように言える…

死後の状態において私たちは魂達の交わり合いで一体化す
る… **神を創造するために**

私はこの概念を表すのに「神」という言葉を用いるのが好
きだ　なぜならそれに相応しい壮麗さを添えてくれるから
だ

よってこのように言えるであろう…

魂達が交わり合って一つになる時、魂達は神の存在の潜在性を集合的に実現させる

魂達の交わり合いは進化の新たな創発レベルとして神の存在を生み出す

魂達の交わり合いはキリスト教の神学理論で言われているように神の周辺に存在しているのではない、なぜなら魂達の交わり合いそのものが神であるからだ

通常なら私は「神」という言葉を避ける　あまりにも大量のお荷物がこの言葉には付随しているからだ

しかしこの言葉には魂の奥深くで強力に共鳴する歴史的重要性に満ちている、だからこの言葉が私たちと共に進化し続けられるようにここではこの言葉を用いている

私は過去の時代遅れな宗教理論に代わるものとしての創発スピリチュアリティに基づく神学理論を表現するために「神」の概念を転換させたい

私は神を次のように捉えるに至った…

神は宇宙を創造しない…　神は宇宙を通して生じるからである

私たちが神として経験するもの…私たちを網羅している意識的ワンネス、私たちを支えている愛の存在、私たちの献身を鼓舞する敬愛される偉大な存在…これが超越スピリットである

スピリットの形なき潜在力は進化し続ける宇宙として創発し、最終的には神の愛−光として自己実現をする

最近、臨死体験をした女性と会話していてその経験を聞いたのだが、「無数の神の火花が光から現れては消えていく」様子を見たと言っていた

このイメージは私の深い直感に非常に共感し、私は実に感動した

私は次のような視点に至った…

私の身体が現れては消えゆく細胞からできているのと同じように、神は現れては消えゆく魂達からできている

輪廻転生のサイクルを通して魂の流れは愛−光の中で交わり合う… さらに進化するために離れては生命の流れに落ちていく… そして死後の次元で愛−光に戻ってくる

愛−光から魂の流れが出入りして現れては落ちていくこの

プロセスを通して神は創発を遂げている最中である

神は常に偉大さを増しており、それが神の真の偉大さなの
だ

9.4　神は愛

超越スピリットは私の個体性を超越した創発レベルに存在する

　　私の身体の単一細胞は「ティム」であるとはどういうもの
　　かわからないのと同じように、私は「神」であるとはどう
　　いうものかわからない

　　だが私は神の中の一つの魂の流れとして交わり合うことが
　　できる…　するとそれがどのような感じなのかはよくわか
　　る…　なぜならそれはすべてを包含する愛の経験なのだか
　　ら

キリスト教神学理論の中心的な偉大な教えは「神は愛である」
ということ

　　これは単に「神は愛が深い」というより遥かに大きい…
　　神は愛であるというのだ

愛は**自己と他者**の間の繋がりの関係性であることを前に見た
5.6

個々の魂の流れ達が一つに結ばれると神の愛−光ができる　これは創発の全レベルを包含する超越的な愛である

　初源的細胞が集合して初めて多細胞性有機体を生み出したとき、それは意識的に行ったことではない…　それは進化プロセスでただ発生したのである

だが魂の流れ達が交わり合って超越スピリットを生み出すとき、それは彼らがすべてと深い愛の関係性を意識的に持とうと選択することによって起きている

　魂の流れ達はより偉大なる何かに進んで自らを与えるのである…　そしてそうすることでそれらは愛という性質を持つより偉大な存在の一部となるのだ

　私は子供の頃に初めて霊的目覚めを経て以来、すべてを愛する存在に優しく抱かれている経験を何度もした　それは人生−旅において私を持続させ勇気づけてくれている

初め、私はこれを全能なる創造主神の存在という伝統的用語の中に見出した…　だがこれほど酷い苦しみに溢れるこの世界において、私は神という概念との折り合いがつけられず、私にとってはしっくり来なかった

　神は超越スピリットであるという創発的概念はこのジレン

　マを解決してくれた

神は前から存在していて世界のすべての恐怖を寛容する全能神ではなく、私たちの誤った行いを罰としてこんな世界を作ったのでもない

　　超越スピリットは進化プロセスの最高点として創発しつつあり、存在の最も深い最高の創発的資質を生み出しているのだ

　　私を優しく包みこんでいる、この神という感覚は果てしない善、無条件の受容、無限の優しさという特徴を持っている

　　あなたや私が霊的に目覚めると、私たちはこの愛の存在の進展的創発の一部として参加するのだ

私たちは自己実現する宇宙の中に存在しており、最深の自己実現は魂達の交わり合いを通して生じ、これによって超越スピリットの創発が可能となっている

　　私たちの旅は、神のワンネスへと個体性を統合することができる自己実現を成した魂の流れとなることである

　　これが私たちを呼んでいる存在の深い目的である…　至上

の可能性…最も偉大なる善は実現されることを切願している
るのだ

9.5　地上に天国をもたらす

死後の状態において、魂は神の愛−光の中に浸透すると私は提案してきた 9.1 だが、死後がもっと重要であり人生はその準備段階だと言っているわけではない

> この世界から去ることがゴールではないというのが私の考えである…　それよりもむしろ、存在の創発性の高いレベルと低いレベルが相互に有益な一つの全体性へと向かうことではないだろうか

創発性のあらゆる異なるレベルの相関性を理解するために、有機的な喩えを使おう

> 物質の流れは、初源的潜在性という基盤に埋め込まれた宇宙の根である…　そしてこれらの根は生命の流れへと育つ…　魂の流れという花を咲かせる…　そして超越スピリットという果実を実らせる

> ある植物のすべての側面が共存し互いに恩恵を与え合うのと同じように、進化の創発のすべてのレベルは共存しながら互いの役に立っている

よって私の視点は以下の通りである…

　魂の進化プロセスは地上から天国に向かうことである…
　そして天国を地上にもたらすことでもある

生命-世界へ戻っていく輪廻転生のことを多くの霊的伝統では
霊的失敗、あるいはカルマの罰だと捉えている…　だが私は
まったくそうは思わない

　魂の流れ達は輪廻転生のプロセスの中であらゆる異なる創
　発レベル間を行き来し、そうすることで死後のイメージ次
　元（imagnos）と宇宙は統合されていくというのが私の提
　案である

前に、魂の流れ達は過去牽引性（pastivity）の力によって死後
のイメージ次元（imagnos）から引っ張り出されて宇宙に戻っ
ていくのだと説明した 7.9 …　いまここで私が提案したいの
は、私たちの輪廻転生の理由はそれだけではないということだ

　私たちが魂としてより進化していくと、死後の魂達の交わ
　り合いから生じる壮大な愛を分かち合うために生命-世界
　に戻ることを選ぶのである

　私たちは存在のより創発性の低いレベルに再び関わり、そ
　うすることで全生命の超越スピリットと繋がりたいのだ

私たちの使命は愛-光と交わり合い、その後戻ってきて先行し土台となっている存在レベルと超越スピリットを一体化させることだと気づくのである

私たちは魂達の交わり合いに浸り神と一つになる　そうすることで私たちは愛の奉仕者として生命に戻ることができる

大きな霊的チャレンジは身体という牢獄から逃げないことであり、このことはいくつかの霊的伝統でも言われていることである　そうではなく天国を地上に共存させることであると

天国とは最高に素晴らしいあり方として私たちが見る夢であることは前に説明した 7.6

生命-世界に再び関わるときに私たちは創造力を引き寄せ、そのビジョンをこの地球上に実現するのだ

すべての概念は超生命の魂-次元に存在している…　だから私たちが良い概念を実現させる時、私たちは地上に天国を少しばかり創造しているのである

9.6   向超越性（transivity）と神の意図

私の経験では、私の魂の進化を支えるためにある愛の存在が出来事を形成して私に起こしてくれているように思われる

　　私の人生は私自身と高次パワーとの会話のようなものである…　その高次パワーは私を導き…　私に教え…　私を目覚めさせている

　　私が望んでいるように物事が進まずに、人生が私をどこか他の場所に連れて行っているように時折り感じることもある…　そして人生はまず間違えることはない！

この導かれているという感覚は、きわめて共通の感覚である

　　これは人生-ストーリーを成す物語性に超越スピリットが良い影響を与えるだということを提案しよう

私の視点は以下の通り…

　　超越スピリットはそれに先行し土台となっている魂の次元を超越し包含する…　よって互いに影響を与え合う

　　超越スピリットは魂–次元の物語性を具現化する　そうし
　　て人生–ストーリーを最高の善へと動かしていく

超越スピリットが人生–ストーリーに与える良い影響に呼び名
をつけたいので、これを「向超越性（transivity）」と呼ぶこと
にする［訳注：原語transivityは著者による造語で、「善へと向かわせる
影響力」というニュアンスである。本書では「向超越性」と訳出している］

　　向超越性（transivity）は、私たちそれぞれの魂にふさわ
　　しい魂の進化のチャンスを提供するための人生–ストー
　　リーを具現化する

私の提案していることを明確に伝えるために物語性と向超越性
（transivity）を比較しよう、いずれも人生に現れる夢のような
資質を生み出すための役割を果たしている…

　　物語性は魂–次元の創発と共に生じる

　　向超越性（transivity）は超越スピリットの創発と共に生
　　じる

　　物語性は人生の**魔法**を生み出す　8.3

　　向超越性（transivity）は人生の意味を生み出す、なぜな
　　ら人生–ストーリーが具現化していくさまを見て私たちは

この事象は私たちに何かを教えてくれているとわかるからだ

物語性は倫理的に中立である　物語性は超生命次元で魂-ストーリーの交流の中からただ生じるもので、私たちの意図が前進的であろうと後退的であろうと実行しようと試みる

向超越性（transivity）は最高の善のために役割を果たす…　だから常に生命-ストーリーをより高い創発レベルに向かわせる

人生で物語性を経験すると、私たちは単なる因果的現実だけを生きているわけではないことを知る

人生で向超越性（transivity）を経験すると、私たちはすべてを愛する高次のパワーに導かれていることを知る

向超越性（transivity）は伝統的に「神の意志」と呼ばれているものを説明する新しい語り方である…　つまり次のようにいえる

神の意志は私たちの人生に良い影響を与える向超越性（transivity）のパワーを通して私たちの最高の能力を引き出そうとするのである

伝統的な神学理論は神が宇宙を生み出そうとするところから始まる

　　だが創発スピリチュアリティでは、神の意志の創発は進化プロセスの最高点にあたる

伝統的観点は「悪の問題」 5.1 に繋がっていく　つまりこうである…

　　もし神がすべてにおいて善であり全能であるなら、この世界のすべての苦しみと悪をどうして許容するのか？

　　偉大なる哲学者から思慮深い子供に至るまで、神の性質について熟考する者がほぼ全員悩まされるところである

　　私が提案している神の新しい概念は「悪の問題」を解決する　なぜならこの概念では神はすべてにおいて善であるが**全能ではないからだ**

説明しよう…

　　神は愛の存在であり私たちの人生のストーリーに良い影響を与えることができる…　だが神は主導権を握ってはいない

競争・協力する魂の流れが愛の交わり合いに達するにした
がって　超越スピリットが創発し続けている

したがって慈愛の向超越性（transivity）のパワーは成長
している…　しかしそれは起きるすべてのことを指揮して
はいない…　むしろその反対だ！

このように言えるであろう…

超越スピリットは全能ではない…　だがその状況下で最善
を尽くしている

伝統的進学理論が描く神は独裁的で私たちに何をすべきか指示
を出す…　そして私たちは神の意図に献身的に従うように指示
される…　だが私にはこれがしっくりこないのだ

超越スピリットは私たちに命令を下しはしない…　そうす
るかわりに、もっと深く耳を傾けないかと提案をする

神の意志は私たちを導いているのであって強制はしない

だから私たちは宗教的義務のために神の意志に従っている
のではない…　もっとも愛を表現できる方法で生きるよう
になりたいから従うのだ

伝統的神学理論は私たちに意図を放棄せよ、起きるすべては神意として受容せよという

　　だが創発スピリチュアリティの視点では起きるすべてのことは神の意志ではない

何であれ、人生に起きるすべてのことを受身に黙従するのは人生プロセスに積極的に関わっていく責任を無視している

　　私がわくわくするのはこの素晴らしい進化のプロセスに私が関与しているということだ

　　すべてが**私のため**に行われているのではない

　　私の元に行われていているのではない

　　私と共に行われているのだ

すべては神の意志によって起きているとただ信じるのではなく、私たちは超越スピリットと協働して私たちを天国へと引き上げ、天国を地球にもたらすというもっと英雄的な使命を負っているのだと思う

9.7　あなた個人の天賦の才

霊的伝統の教えでは、私たちには高次の自己と低次の自己がいるという

　　高次の自己は私たちを直感的叡智で導き私たちを目覚めさせる…　その間、低次の自己は身体の経験に没頭している

　　私は生涯を通して、この二つの自分自身の側面を確かに経験してきた…　そして私の知り合いの大半がそうである

これについて私はこのような視点に至った…

　　魂の流れが輪廻転生のプロセスを通して十分に進化してくると、死後状態で魂の交わり合いに入って超越スピリットと一つになる

　　この時点からその魂の流れの一つの側面としてその蓄積した過去には、神との一体化を経験したことが常に存在する…　そして私たちが高次の自己として経験しているのは、この私たち自身のきわめて創発的な部分のことである

低次の自己は魂の流れと、ある特定の身体の流れの精神共存関係を通して生じる

　　魂の流れは死と生まれ変わりのサイクルを通じて進化する、それは数々の低次の自己を身につけては離れるというサイクルだ

　　そして私たちは愛－光の中で神との交わり合いを再経験するごとに高次の自己はより確立されていく

霊的伝統では、この高次の自己にあらゆる名前がついている

　　私はラテン語の名称「genius（ゲニウス・天賦の才）」［訳注：ラテン語のニュアンスを残すため、本文中ではゲニウス（genius）と表記している］を使うことにする　私はこの名称をとりわけ気に入っているのは、この言葉は現在では私たちの奥深くに備わる潜在力を意味するからだ

低次の自己にもたくさんの名前がついている

　　私は単純に人格（personality）と呼ぶほうが好きだ、この言葉は仮面を意味する**ペルソナ**から由来している

人格（personality）はゲニウス（genius）が身につけている仮面のようなものだ

私の経験では死にゆく人々と共にいるときにこれが非常に明らかになる

私は父の死の直後も父と共にいるという感覚、父の魂の膨大な感覚に圧倒された記憶がある

これほどまでに大きなものが、それに比べてこんなに小さな生命の中にどうやって入っていられたのだろうと途方に暮れたものだ

彼の個性の仮面の後ろにあのような素晴らしい魂が隠れていたことに、なぜほとんど気付かなかったのだろう？

ゲニウス（genius）と個性の関係性は私たちの覚醒中のアイデンティティと私たちが夜に夢の中で採用する夢−ペルソナとの関係性に相当するように私には思われる…　説明しよう

私の個性は「ティム」である…　そしてティムが夢を見るとき、彼はティムのいくつかの断片を象徴する夢−ペルソナとして現れる

この夢−ペルソナは覚醒中の世界やこれまで長年の間に見てきた夢の中の他にたくさんあるティムの夢−ペルソナのことはまったく知らない

だがティムが目覚めている時は数々の夢を思い出すことができ、すべての夢–ペルソナは彼の側面であることを知っている

同様に彼の魂が転生するとき、魂はある特定の個性を持ちゲニウス（genius）としての超生命経験あるいは過去生を思い出すことはない…

しかし身体が死ぬとゲニウス（genius）は「目を覚まし」て、魂はありとあらゆる人生で異なる個性を採用していた経験を思い出す

ソクラテスは、私たちが学びと思っているものは実はゲニウス（genius）がすでに知っていることを思い出すことであると示唆したが、私たちは新しい人生に転生すると忘れているのだ

本書を著述するプロセスにおいて、私は自分のゲニウス（genius）が知っていることを伝えたくて、それを表現する方法を模索しているというような感覚を何度も感じている

前に私は深い目覚めの状態を**グノーシス**経験あるいは**深い知（deep knowing）**であると説明した 4.10

この深いレベルの知っているという状態は私たちがゲニウ

ス（genius）に意識的になると生じる

私の経験では、直感的洞察が伴う深遠な確信の感覚が深い目覚め状態の中で生じるのだ　この時の感覚は自分の合理的意見に対して感じる確実な感覚をはるかに凌いでいる

これは私のゲニウス（genius）から深い直感が現れているからだと私には思える…　これは私の魂の側面のうち最高の創発レベルである

どうか誤解しないでほしい…　すべての直感を信頼すべき啓示として自動的に受け入れよと提案しているのではない

私はただあなたには魂の奥深くに純粋な洞察の源があると提案しているのであり…それがあなたのゲニウス（genius）だ

個性はゲニウス（genius）が身につける仮面であるのと同じように、偉大な神話学者ジョセフ・キャンベルが「神の仮面」と呼んだもの、これがゲニウス（genius）だと捉えるとよい

超越スピリットは一人の大きな人物ではない、だが私たちの多くは個々の方法で神を経験する　まるで愛と叡智に溢れる誰かと人間的関係を楽しむかのように経験するのだ

私は自分のゲニウス（genius）の存在を通して個人的な方
法で超越スピリットを自分のように感じていることに気づ
いた…　自分のゲニウス（genius）とは、魂達との交わり
合いにおいて神と一体となる経験をした私の魂の流れの最
も深い側面である

私たちは誰でも神と個人的に繋がることができると思う…
その神は私たち自身のゲニウス（genius）を特徴付ける資
質を持っているようだ

9.8 進化と堕落

19世紀の生物進化理論により、私たちは自然界から生まれたという進化概念に至った…　罰の一種として魂がこの世に投げ出されているわけではないという理解である

　それまで大半の宗教伝統はこの世を下等な状態とみなし、私たちはこの世に追放されている、神的なものからの「堕落」であると示唆していた

伝統宗教は、人間の条件を非常に否定的に捉えているらしい

　善の神は完璧な世界を創造し、その後にすべては誤った方向に進んだ

　私たちは闇の中で迷子になった「光の存在」である

　私たちはマーヤーの幻想の中に閉じ込められており、そこから抜け出なければならない

　私たちは苦しみの輪に縛られており、そのためこの恐ろしい世界に転生し戻り続けなければいけない

「否定的な宗教」メッセージは基本的に、生命はなんらかの大きな過ちであって人間という冒険は困難であると伝えている…だが私はこれが腑に落ちない

創発スピリチュアリティは、この世界が**誤った方向に進んだ**というのではなく、世界は**より良くなっている**というもっと楽観的な視点を提案する

すると私たちはもっと肯定的な意味で「堕落した」のだという深い直感を理解することができる

説明しよう…

すべては進化している… 死後のイメージ次元（imagnos）もだ… 神すら創発しつつある

だが輪廻転生を通しての魂の進化のプロセスは死後のイメージ次元（imagnos）から堕落し、宇宙へ戻っていく魂を必然的に伴う

よって私たちは進化し続ける魂であり堕落した魂でもある

このパラドックスを私は次のように経験してきた…

私は超越スピリットと交わり合うために上へ上っている…

そして生命-世界に転生するときにその元を去るというの
が私の感覚である

私は常に人生経験から学ぼうと努めている…　だが私は顕
現に向かって成長しており、自分自身のゲニウス（genius）
の壮大な叡智をも感じている

私は未開の領域に向かう冒険に乗り出している…　だが故
郷に戻りたいと切望する追放者のような感覚もあるのだ

9.9　系統的多元宇宙

存在は、初源的スピリットから神の創発へ向かう進化プロセスである 9.3

　　これが、私がみなさんと分かち合いたかった壮大なビジョンである

　　いま私たちは哲学的目的地に到着した…　この進化の物語がさらに偉大な内容へと発展する魅力的な可能性をぜひ考えてみていただきたい

物理的現実を定義するパラメーターは生命の進化を生じさせるために正確に微調整されており、これは卓越した事実である

　　著名な物理学者かつ数学者であるロジャー・ペンローズが、偶然にこのようなことが起きる確率を計算したところ、実質上ゼロであった

これに付け入った伝統宗教関係者は、私たちのためにここまで正確な設定がなされたのは創造主である神がいるからに違いないと論じている

この結論に対抗するために科学的客観主義者達は最極端な思索を強行する必要性にかられ、私たちの宇宙は無限に広がる宇宙の一つに過ぎず、すべてが共に「多元宇宙」を成していると推測している

もしたった一つの宇宙しか存在していないのであれば、生命を支えるためにこれほど完璧に設計されているのは膨大な偶然の重なりだということになる…　だが無限に宇宙があるなら、一つの宇宙が生命の進化を促しているとしても驚きではない…　それが私たちの宇宙だというのだ

科学的客観主義者達は多元宇宙の概念に惹きつけられているなぜなら客観主義の中枢的教義の一つ、つまり宇宙の進化は偶発であるという信念を維持できるからだ

だが無意味な多元宇宙の概念は、一つの無意味な宇宙しか存在しないという概念よりも、さらに魂を破壊するようなものだと私は思う

仮に、生命を維持しない宇宙が無限にあるとする　壮麗な無意識の中で誰もその存在を目撃することなくただ偶発しているとする

すると現実は私たちが恐れていたよりもさらにばかげていることになる

私たちの宇宙がこれほどまでに完璧に設定されているのは「系統的多元宇宙（genealogical multiverse）」の可能性を考慮して、説明する方がよいと私は思う

　　膨大な数の銀河が存在するように、宇宙は膨大な数で存在するのであろう

　　ただし多元宇宙はあらゆる宇宙が隣り合って共存していると想像するのではなく…　私たちの宇宙に先行した宇宙の系譜を考慮してはどうだろうか

　　私たちの宇宙がここまで完璧に生命を支える設定になっている理由は、これが初めての宇宙ではないからだというのが私の提案だ

　　よってゼロの瞬間は私たちの宇宙の始まりに過ぎない　あなたの誕生の瞬間があなたにとってのみのゼロの瞬間だったのと同じように

ブラックホールが新たな宇宙を生み出すと物理学者が示唆しているが、私はこの概念に興味を寄せている

　　一つの宇宙が他の宇宙を生み出すという概念に私は惹かれるのだ　なぜならこれはどこにでも見られる生命パターンでもあるからだ…　そして存在のあらゆる創発レベルに現

　　れる繰り返しのパターンがその存在の特徴となって現れる
　　ようだ

この視点により、これまで「ゼロの瞬間」と呼んできたものは
時の始まりではなく、この宇宙の特定の時流の始まりであり、
より偉大な時間の展開の中の一つの流れだということになる

　　この概念により究極のゼロの瞬間は時流として初源的潜在
　　性が生じた時であるという概念に抗うことになる…　永遠
　　ということだろうか？

ビッグバン理論が発展する前、私たちの宇宙は永遠のものと捉
えられていた　私たちはこの概念に新たな形で戻る必要がある
のかもしれない

　　私たちの宇宙には始まりと終わりがあるとはいえ、この宇
　　宙は始まりも終わりもない、より偉大な時の展開の中で起
　　きているのかもしれない

　　時間のない潜在性が進化し続ける時流として自らを永遠に
　　実現させ続けているのではないだろうか？

系統的多元宇宙の概念であれば、宇宙はそれまでにやってきた
ことを新しい形で行っていると想像することが可能になる…
説明しよう

あなたや私と同じように、宇宙はより大きな時流の中で個体性を統合し続ける一つの時流である

つまり宇宙に含まれるすべてと同じようにこの宇宙全体は過去から生まれ過去によって統制されていると捉える必要がある

あなたはそれより前に人間が成熟してきた方法を再現することで大人に成熟してきた…　同様に私たちの宇宙はこれまでに複数のうちが進化してきた方法を模倣しているのかもしれない

そうすると進化のプロセスがどうしてこれほどまでに偶発的だったのか説明がつく

前に、初期特異点は無限の密集状態の点であり、それが拡大して宇宙を形成することについて考察した

明確な比喩としてこれを見ると特異点は宇宙の種であり、これが成熟して私たちが住んでいる大人の宇宙になったと考えられる

「ビッグバン理論」として知られるようになった概念はそもそもジョージ・ルメートルというカトリック神父が提案したもので、彼はこの特異点を「宇宙の卵」と呼んでいた

特異点を種あるいは卵に例えると、宇宙の目的についてのヒントが見えてくるかもしれない

　　どんぐりの「目的」は樫の木へと成長することだといえる

　　宇宙の究極の目的は完全に自己実現を遂げた宇宙へと成熟することだろうか？

　　これが成熟スピリットそのものなのだろうか？

この可能性からまた別の興味深い問いが出てくる…

　　超越スピリットは私たちの宇宙だけに創発しているのだろうか…　それとも多元宇宙の他の宇宙も超越スピリットとして自己実現を続けているのだろうか？

　　ということは多元宇宙の中のあらゆる宇宙からたくさんの超越の神々が創発しているのだろうか？

　　あるいは私たちが経験している超越スピリットは私たちの美しい青い星の進化からのみ生まれているのかもしれない…　そしてこのプロセスは私たちの宇宙の他の銀河でも起きているのかも？

存在の偉大なる神秘を目の当たりにして私は気が遠くなるよう

な数々の可能性に圧倒されてしまう…

前に、私たちは思い出しては忘れるプロセスを通して進化
しては落ちる魂であることを考察した 9.8

もっと高次において超越スピリットにとっても同様なのだ
ろうか？

初源スピリットの最深の潜在力の実現が超越スピリットで
あることについて見てきた

初源スピリットは超越スピリットが「落ちた」状態だと見
るべきなのだろうか？

どういうことか説明しよう…

私たちはより大きな進化の旅路において、自らを忘れては
思い出す…　同じようにスピリットはより大きな進化の旅
路において自らを忘れては思い出すのだろうか？

超越スピリットはゼロの瞬間に「生まれ」て宇宙の終焉の
絶滅の時に「死ぬ」のだろうか…　そして新しい宇宙とし
て再創発するのみなのか…　私たちが新しい命に輪廻転生
するように？

超越スピリットは初めて創発しているのだろうか…　それともあなたや私と同じように再創発しているのだろうか…　そして無限の過去へ戻っていくプロセスを続けているのだろうか？

進化する宇宙は完全に新しい創造であり、どこからともなくやって来て進化にしたがって方向性を見出しているのだろうか？

もしくは…あなたや私のように…宇宙の誕生の前からある宿命があってその成就に苦闘しているのだろうか？

これらの問いに対する答えは私にはわからない…　ただ考えていると感動させられる

本書の冒頭でアルバート・アインシュタインが警告したように…　**「人間のマインドでは宇宙を把握することはとてもできない」**のだ 2.1

まとめ

9.1 愛-光

進化の旅はスピリットの愛-光と交わり合う超生命経験へと繋がっており、これが最も深遠な形の自己実現である

9.2 大海の一滴？

存在の深い目的は死に際して初源的ワンネスに溶けて戻っていくことではなく、個々の魂の流れが愛-光と意識的に交わり合うことである

9.3 魂たちの交わり

死後の状態で私たちは魂達と集結して交わり合い超越スピリットを創造する、これは進化の新しい創発レベルである

神とは、拡大し続けているこの魂達の交流のことである

9.4 神は愛

超越スピリットは進化プロセスの最頂点として創発している　したがって存在の最深の資質であるすべてを包含

する愛を実現している

私たちの旅は自らの個体性を神の愛に統合することができるような自己実現を遂げた魂の流れになることである

9.5 地上に天国を引き下ろす

進化のプロセスのゴールはこの世を去ることではなく、天国を地球にもたらすことである

私たちが輪廻転生するのは単に死後のイメージ次元（imagnos）で意識的に滞在できないためだけではなく、超越的愛を分かち合うために生命−世界に戻ることを選択しているのだ

9.6 向超越性（transivity）と神の意図

私たちの人生が導かれているように感じるのは超越スピリットが人生−ストーリーを形成する物語性に良性の影響を与えているからである

伝統的に「神の意志」と呼ばれている向超越性（transivity）の効果は、私たちに魂の進化のために適切なチャンスを提供することである

創発スピリチュアリティは「悪の問題」を避ける　神は全良であるが全能ではないと捉えるからである

9.7 あなた個人の天賦の才

ゲニウス（genius）とは魂たちとの交わり合いにおいて神との一体化を経験した魂の流れ達の最深の側面である

直感的に知っているという経験はゲニウス（genius）から生じるものである

神は個人を超越したワンネスであり私たちは個々のゲニウス（genius）を通してそれに個人的に共感することができる

9.8 進化と堕落

輪廻転生を理解すると、私たちは進化すると同時に落ちる魂であることが見えてくる

9.9 系統的多元宇宙

私たちの宇宙は生命の進化を支えるために完璧に設定されている理由は、これが初めての宇宙の創発ではないからかもしれない

私たちの宇宙は系譜的多元宇宙の一部として親なる宇宙から生まれたのかもしれない

宇宙は初期特異点から自己実現した宇宙へと成長することでその目的を成就しているかもしれない　どんぐりが

樫の木へと成長することでその目的を果たしているのと
同じかもしれない

宇宙の目的とは完全に自己実現を遂げた宇宙へと成熟す
ることで、それが超越スピリットなのではないだろう
か？

10 あなたの天賦の才を実現しなさい！
REALIZE YOUR GENIUS!

私たちの哲学の長旅も終焉に到達し、そろそろ故郷に向かう時がきた

最後の章では、創発スピリチュアリティが存在の曖昧さの理解をどのように助けてくれるかを見ていこう

そして日々の生活を意識的な魂の形成プロセスとして生きることで、私たちの魂の流れとして最深の潜在力をどのように成就できるかを探求したい

10.1 進化と曖昧さ

本書の初めに、人生はいかに深遠な曖昧さを備えているかという問いを投げた 1.1 …　そしてもう答えはわかっている

存在が曖昧なのはそれが多次元現実へと向かってきた進化プロセスであるからで、この多次元現実の中では初源的物質から超越スピリットに至るまで全レベルの創発が共に存在している

進化プロセスは物質から生命へ魂へ神へと進んできた…そして私たちの人生は物理的因果律、生物学的需要、魔法のような物語性、神聖な向超越性（transivity）の交流によって形成されている

現代の世界観は科学的客観主義によって支配されている　それは物質の複合形態と適合した生命の種を説明するものの、これより創発性が高い側面を無視している

創発スピリチュアリティは進化のストーリーの更に先にある魂の非物質・非空間的次元の創発を探究する

　　　それによって目的・選択・不死生・魔法の進化を理解しや
　　　すくなる…　これらは人間の経験を豊かな有意義なものに
　　　してくれるものだ

この新しい世界観は、科学的知識と霊的知識を統合して私たち
の悲喜こもごもに輝く人生を実際に経験するままに理解させて
くれる

　　　yes...人生の旅路は有意義である…ただその一部は偶発に
　　　過ぎない

　　　yes...人生は実に魔法的な面もある…だが大半はありふれ
　　　た日常である

　　　yes...私たちを大切に思う良心的な愛の存在はいる…だが
　　　それでも良い人々に悪いことは起きる

存在の深遠な曖昧さを理解すれば、私たちは人間経験の闇の面
を生きやすくなる

　　　yes...人生は残酷な時もある…しかしそれは何か良いもの
　　　に向かってやがて挽回するのだから、本質的には良いのだ
　　　…

私たちが曖昧なのは、現実に生きている宇宙は進化中で、私た

ちは創発性の低い過去に取り囲まれているからだ

　私たちは炭素でできていて、その炭素は初めの星々で形成されたものだ

　原始バクテリアは目に見えないが、至るところで力強く育っている

　奇妙な古代魚はいまも海底を徘徊している

人間が曖昧なのは私たちが進化を遂げている途上にあり、創発性の低い過去がいまも私たちを取り巻いているからだ

　歴史を通して競合的な魂の流れと対立的価値観をもつありとあらゆる文化が創発してきた…　多様性に富むが世界のどの町を歩いても、そのすべての考え方に出会うことができる

私たちは多次元の存在であり、そのために生じる心の中の緊張を私たちは毎日感じている

　私たちの目的は生存本能からこの上なく高尚な大志まで実に幅広い…　そして愛を最優先にしつつもそのすべてを称える方法を見出す必要がある

私たちは自らを混乱と矛盾として経験する　なぜなら私たちは
堕ちた魂であり、進化した魂でもあるからだ

　　私たちの中には超越叡智がある　だから私たちは自分のゲ
　　ニウス（genius）の直感による導きに耳を傾けなければな
　　らない

　　そして私たちの中には原始的な暗部がある　だから私たち
　　は思いやりをもって自らの影を包含せねばならない

私たちは矛盾する現実の中で悲喜こもごもの人生を経験してい
る曖昧な存在である

　　だがその人生を通してスピリットの潜在性は常に自己を実
　　現し続けている…　あなたと私はこの偉大なドラマを演じ
　　る役者である

10.2　あなたの人生は重要である

科学的客観主義によれば、あなたの人生は根本的に無意味で取るに足りないという…　だが私たちが探ってきた世界観は人間の旅は誕生から死に至るまで重要であることを明示する

創発スピリチュアリティは、魂を138億年にわたる進化の末の最高の成果として称賛する

あなたがあなたであることの重要性を認める…　なぜならあなたはスピリットの無限の潜在性による唯一無二の表現であるからだ

あなたは、あなたがかつて経験してきたすべてから成る進化中の魂の流れであり…何ひとつ失われてはいない

あなたが存在をやめることは不可能なのだ　なぜならあなたは永遠に個体化した時流として生命−世界と超生命−死後のイメージ次元（imagnos）の間を過ぎゆく存在なのだから

あなたは浮き沈みするあなたの人生のすべてを生きること

であなたらしい魂の性格が形成されていく…　そしてあな
たの過去はあなたが将来実現できる可能性のための土台と
なる

あなたが実現できる最高の潜在力は、スピリットという本
質的性質に意識的になり神の創発に貢献することだ…　こ
れ以上に偉大な目的などあり得るだろうか？

だがこの偉大な目的は私たち皆で共有しているものであり、
あなたにはあなただけの目的がある…　それは唯一無二の
魂としてあなた独自の潜在力を実現することである

よってあなたの人生の目的はこのように言い表すことができる
…

あなたのゲニウス（genius）を実現させなさい！

ゲニウス（genius）とはあなたの魂のもっとも深遠なところの
ことで、過去に魂達との交わり合いの中で超越スピリットと一
体化した経験から生まれるものだ 9.7

あなたの使命は、あなたがもし使命を受け入れたらの話だ
が、それはあなたがすべてと一つであるゲニウス（genius）
を意識化すること…　そして人生にあなたの特別な貢献を
もたらしてゲニウス（genius）を表現することである

私は前に、数々の宗教的伝統は人間の条件を非常に否定的に捉えていると示唆した 9.8

人生とは悪質な幻想として棄却され、私たちは個人的なエゴを撲滅して悟りの恒久的状態に到達することでこの幻想から脱出せねばならないという

創発スピリチュアリティは別の選択肢として人生を肯定する霊的目覚めへのアプローチを支える哲学的基盤であり、私はこれまでの著書『気づきの扉』（サンマーク出版　原題"lucid living"）"deep awake"などでそれについて明瞭に説明した

この視点から見ると霊性のゴールは**自分を知る**ことだけではない…　あなたの最高の潜在力を具現化して**自分自身に示す**こともゴールなのだ

エゴは敵ではなく、あなた個人のゲニウス（genius）を実現させるための媒体である

霊性の役割は人生の問題や苦しみから逃避させてくれることではなく…　**魂の形成**という進化のプロセスに意識的に関われるよう助力することだ

あなたは常に最適な悟りの状態でいる必要はなく、それよりも**自己実現**のプロセスが常に進行することになる

ありふれた退屈な行為に恍惚の喜びを見出すことから始まり、精神浄化の苦しみに至るまで実に幅広い経験をすることであろう…　なぜなら**自己実現のプロセスがあなたの人生**なのだから

このプロセスに従事すると、あなたは霊的に目覚めた状態に奥深く、そしてできるだけ何度でもいくために、全力を尽くすことができる

…そして過去に深い目覚めを経験していればいるほど、未来にもその目覚めを見出しやすくなる

目覚めの習慣をあなたの魂のキャラクターの一面として確立できれば、あなたは毎日をより意識的に生きられるよう過去牽引性（pastivity）のパワーを利用できる　6.2

自分の本質的性質は超越スピリットであるという意識になればなるほど、あなたは優しくて、弱くて、傷ついている人間の性質を無条件に受け入れられるようになっていく

すると、切り離されたような「悟り」にひきこもるのではなく、人生という進化の冒険に全力を傾けられるようになるのだ

10.3　愛-叡智

人生で真に大切なことは愛であると提案してきたが、ここで重要なことを付け足そう

　　単に愛に溢れているだけでは不十分である　この世界で愛を効率的に表現するためには叡智を得る必要があるからだ

いつの時代も霊的伝統は愛と叡智は私たちが養うべき最も重要な資質であるとして愛と叡智を褒め称えてきた

　　私はこの二つの偉大な資質は私が愛-叡智（love-wisdom）と呼ぶ一つの素晴らしい資質の構成要素であるという視点に至っている

　　そして、この愛-叡智は私たちが養うべき最も重要な資質であると提案したい

私たちが霊的に目覚めていくと、私たちは愛からこの世界やすべての人々に対応するようになる　だが人生がさし出すあらゆる相反する状況において、どのように愛深くいられるかを知るためには偉大な叡智が必要である

助けの手を差し伸べることが賢明な時もある…　だが自ら
苦闘する中で内なる強さを見出すよう相手に任せることが
賢明な時もある

最も賢明であることは、必ずしも簡単ではないのだ

優しい愛を差し出してその優しさを感謝で受け取ってもら
うのは素晴らしいことだ…　だが嫌われることになっても
厳しい愛を差し出すというのは真に深い愛である

愛をもって接するとは寛容に応えることではなく、最善のこと
をするということだ

たとえば愛する相手がアルコール依存症であれば、相手に
とってそれが極めて辛いことであっても飲酒を助長するよ
うなことは拒否する叡智が必要となる

愛をもって行動するためには途轍もない自己犠牲を伴うことも
ある　とはいえ私たちは自分を大切にする叡智が必要な時もあ
る

たとえば結婚生活で暴力を受けている場合は、パートナー
を愛していてもその結婚生活を続けて虐待を受けるのは賢
明ではない

私たちはみな一つなのだから互いを愛しながら同時に私たちは個人としてそれぞれに正当なニーズもあるというパラドックスを知りながら生きる方法を知っていること　これが叡智である

だが私たちはどうすれば一体性と個体性をあわせもって生きられるのだろうか？

他者を大切にしながら自分も大切にするにはどうすればよいのだろうか？

すべての人を真に愛するなら、貧しい人に持ちうるすべてのものを与えるのだろうか？

自分のために使う時間配分はどれくらいが適切なのだろう、そしてどれくらいの時間を他者に愛をもって捧げるべきなのだろう？

こうした不可能な疑問に対して最終的な回答はないと思う…それよりも毎回その時の人生の状況によって直感的に答えを見出すべきなのであろう

私たちはスピリットとしては一つだけれどそれぞれに分離した個体としてこの曖昧な世界で進化の旅を歩んでいるという事実からは信念的ジレンマが生じるが、このジレンマ

に折り合いをつけるために必要となる資質、それが愛-叡智である

私たちはどうすれば愛-叡智を得るか？

　私たちは過去の経験をより多く蓄積しその意味を理解すればするほど、私たちは賢明になっていく

　私たちは意識的になればなるほど賢明になる…　つまり無意識でいる自分に気づけるということ

　自分が愚かな、自己中心的な、不親切な行動をしたときに私たちはより賢明になる…　そうして自分は変わろうと決めるから

　私たちは間違いをおかし…学び…そしてまた間違いをおかして学ぶ…　そうしてさらに賢明になっていく

　私たちは人生の問題から愛し方を教わって賢明になっていく

私の成長期、大人たちは苦労を「人格の形成」のためだと話していた…　その頃はありきたりの陳腐な決まり文句だと思ったが、いまでは深い洞察の言葉だと思う　なぜなら人生の苦労の経験こそが魂の特徴を形成するのだとわかるからだ

私たちは苦しみを知っているから優しくなる

私たちは崩落を知っているから謙虚になる

私たちは立ち直って前進する術を発見することで復活する力を得る

私たちが経験から学んで愛−叡智をもって成長する時、その経験は人格形成に繋がる

10.4 魂学

私たちが過去に経験したすべてのことが私たちの魂の流れを
作っている… 曖昧な恵みである

　　過去を基盤として私たちは確信を持って未来へ歩むことが
　　できる

　　だが過去は流砂でもあり、私たちがそこに陥ると真に生き
　　ることはまず不可能だ

過去は私たちの精神的な悩みの源である

　　私たちは過去のトラウマに取り憑かれている… 間違った
　　選択…苦い失望…屈辱的な失敗

ここ数十年のうちに素晴らしいセラピー形態が多く創発してお
り、悪い過去経験による有害な影響から私たちを解放するのに
役立っている

　　創発スピリチュアリティの根本原理に基づいて心理学の発
　　達を見ていきたい… だが「心理学」という言葉は客観主

義科学によって大きく使われてきたため、新しく「魂学（soulology）」という言葉を使った方がよいかもしれない

創発の魂学について明確に説明するというのは本書の領域を越えた大きな任務だが、このようには言える…

創発魂学は、霊的目覚めがいかに**魂の変容**プロセスを促すことができるかを示してくれる

私は以下のような視点に至った…

私は私の過去である…　自分の気に入ろうと気にいるまいと、そうなのだ…　だが過去は必ずしも私を引きずる重荷であるとは限らない

私は自分の過去を変えることはできない…　だがネガティブなものをポジティブなものに**変容**することはできる

「変容」という言葉は鉛を金に変えようとした錬金術師の言葉を借りている

これはあなたに重荷を負わせているものを大切な価値あるものに変容するという例えだと思えばよい

私がどのようにこれを経験してきたか説明しよう…

学びとはともすれば、人生の「悪い」時期と思うものから人生観を広げるような学びを得ることである…　つまり私がネガティブな経験から学ぶと過去の苦しみは現在の叡智に変容する

過去はもう重荷として私を止めることはなく、深い理解と心の強さの源となり、それを足がかりとしてもっとポジティブに前進することができるようになる

つまり私は過去の過ちを繰り返すことはなくなり、ポジティブな未来に向かって新たな可能性を生み出していく…　過去は私を塀の中に閉じ込める牢獄ではなくなり、その過去が地盤となってそこから成長するのだ

私たちが霊的に目覚めれば、この魂の変容プロセスはより楽に運ぶようだ…　説明しよう

深い目覚めの状態において私たちは慈悲深いゲニウス（genius）の中で悩む魂の外側に立つことができる…　すると自分はいま苦しんでいる自分という一面を完全に受容できるようになる

この無条件の受容が魂の変容の第一歩だ…　それは有害な自己批判に陥ることなく、過去の経験を穏やかに分析できることを意味するからだ

ゲニウス（genius）の視点から私たちは自分を形成してきた出来事をもっと深いレベルで理解できる… これが魂の特徴を変容に繋がるのだ

すると私たちの最大の失敗はなによりも不朽の洞察の源となる… そして私たちの最も深い傷は私たちの最大の叡智の象徴となるのだ

10.5　魂の自主性

私たちの意識的な選択を行う能力は、魂形成のプロセスにおいて極めて重要であり、なぜなら私たちの選択が魂の特徴を形成するためだということを前に提案した 6.1

　ここで人生への関わり方を意識的に選択するためには**自主性をもった魂**になる必要があるということを提案したい

この視点に至った経緯を説明しよう…

　個々の魂の流れは**共に共鳴し合って魂–集合体（soul-collective）**を形成する

　魂–集合体の中には巨大なものもある…　だが一家族内の絆、あるいは二人の人間の間の絆も一つの魂–集合体を形成している

　私たちは魂–集合体の中で、似た経験や魂–ストーリーを共有する魂の流れたちと共に共鳴し合う

　物理的に近いかどうかは重要ではない、なぜなら魂–繋が

りは非局所的だからだ…　現代の魂-集合体の多くはインターネットを通して形成されている

魂-集合体はより創発性の高い意識レベルを維持する力をくれるので前進的提携ともいえる、私たちは集合体の中で互いに支援されていると感じられるからだ

だが、魂-集合体は創発性の低い意識に私たちを引き止めることもよくある…　そのため私たちは自立した魂として集合体から個体化していなければならない

私たちは子供の頃、社会に適応するよう文化化された

このため私たちは自分の文化の魂-集合体に縛られており、何かに属している感覚を持つようになる

だが唯一無二の魂として個体化したければ、私たちは自分の文化の条件付けを疑問視する必要がある

私はこのような視点に至っている…

私たちの大半は真理を追求しておらず、文化的アイデンティティを維持しようとしている…　つまり私たちは偶然に生まれた魂-集合体によって無意識に組み込まれているのだ

つまり私たちの多くは個人的な意識状態ではなく、集合的意識を経験していることになる

私たちは何であれ自分の文化にとって「普通」の経験をする…　つまり私たちは集合体が信じる事を何であれ信じているのだ…　私たちは集合体が価値を置いているものを大切にしている…　集合体が忌み嫌うものを何であれ嫌悪している

集合体が脅威を感じると私たちは脅威を感じる…　集合体が怒れば私たちは怒る…　集合体が確信を持てば私たちは確信している

私たちは集合体の気分の変化に影響されないために魂の独立性という美徳を育む必要がある、さもなくば社会的偏執症や熱狂的愛国心や無感覚な黙従に流されるからだ

もし霊的に目覚めたいなら私たちは十分に自立し、文化的に普通とされていることや自分が共鳴するサブカルチャーを超越するレベルまで意識を高める必要がある

そして周りが霊的に覚醒していない中で自分は霊的に目覚めていたければ、私たちを低い状態に引き下ろそうとする集合的受動性に抗うだけの強い性格が必要なのだ

私たちは自分自身のゲニウス（genius）に根差した自分の基盤に立つ術を身につける必要がある… 魂−集合体から独立しながらも超越スピリットのすべてと一つになっている状態である

そうすれば、私たちは集合体をもっと創発性の高い方向へ動かしていく良性の影響力となることができる

前に、進化は個体化と個の統合のプロセスを通して起きると提案した 3.3

魂の自主性を養うとは、私たちがいかにして他とは異なった個として意識的な魂の流れとして**個体性を保てる**かということだ

すると私たちは自らの個体性を超越スピリットのワンネスへと統合することで新たな創発レベルへと**個を統合**することができるのである

10.6　死の準備

死は人生のクライマックスであり旅路はそこに向かっている…
そして私にとってはすべてと同じで死は曖昧に思える

　死は苦しみと喪失の時であるから、死ぬことについて私た
　ちは自然にネガティブな感覚を抱いている

　だが死には痛烈な美も伴う　死は深遠な移行の瞬間だから
　だ

よって死はパラドックスであるという観点に私は至った…

　私たちは死を忘却だと恐れている…　だが本当のところは
　思い出すことである

　愛する人を永遠に失うのだという恐怖がある…　だが本当
　のところは互いを真の栄光の中で認め合えるのだ

　死は虚無の中で存在を失うことだという恐怖がある…　だ
　が本当のところは愛‐光との幸せな交流である

死で人生は究極に無意味になるという恐怖がある…　だが
本当のところは人生の意味を明示してくれる

あなたも創発スピリチュアリティの原理が死に対する感覚を受
け止められるように、いかに変えてくれるかをぜひ探究してほ
しい

あなた自身を誕生に始まり死によって終わる過去を持つ一
人の人間だという考え方をやめてみよう…　不死の魂の流
れであるあなた自身に意識的になってみよう

過去は蓄積する…　だから時間は**無くなる**ものだという考
え方をやめて何かを**得ている**のだと捉えてみよう

あなたは死ぬことなど不可能だと知ることで湧いてくる安
心感を感じてみよう…　そう知ることで力を得て本当に自
分の人生を生きるためのリスクを負ってほしい

いまのあなたという人間であることを最大限に活かそうと
決めよう…　なぜならそれは長くは続かないのだから…
そうしてあなたの旅路は次の段階に進むのだから

死は人生にとって本当に大切なことは何かを明確に見せてくれ
る

私たちがいかに裕福になり権力を得ても関係ない… どれもそれを持っていくことはできないのだから

私たちが死ぬときに持っていけるのは過去の経験だけである… それらは私たちの魂を形成しているからだ

つまり死に際して大切なのは私たちがどのように生きると選択したかである

私たちは自分のためだけに生きただろうか、それとも他人のためにも生きただろうか?

私たちはもっとも深い潜在力を実現しただろうか、それとも表面的な人生を過ごしただろうか?

この世界に愛をもたらしただろうか?

スピリチュアルな人々の中には意識的な死の準備をすることに関心をもっているが、私はそのようには感じていない

偉大な魂達が最期の時期に病を患い、半ば意識不明になったり昏睡状態になるのを私は見てきた… だが私はそのせいで彼らが偉大な移行への準備をし損ねたとは考えていない

人は最期の瞬間に死の準備をするのではない…　人生のす
べての瞬間において死の準備をするのだ

10.7　全力を尽くしなさい

私が皆さんに伝えてきた世界観は、存在を複雑で多次元的で進化的なプロセスであることを示している

　　私にはきわめてシンプルなアイデアがあり、日々の暮らしの中でこのアイデアを思い出すたびに素晴らしく奮い立たせてくれるので、それを最後にお伝えしたい

前に私は人生の目的は一人ひとりが自分個人のゲニウス（genius）を実現させることであると提案した 10.2

　　こういうとまるで私たちは皆アルバート・アインシュタインやパブロ・ピカソのようになる必要があるのかと思うかもしれない…　私が言いたいことはそうではない

　　あなたのゲニウス（genius）はあなたの魂の最も創発性の高い部分である…　だからあなたのゲニウスを実現するとは単純に**最高のあなた自身を表出させる**ということだ

あなたはもう直感的に、この人生の目的を知っているのではないだろうか？

私たちの大半は「もっと良い人間」になりたいと切望している

私たちは最善を尽くすと気分が良く、そうしなかったときは気分が良くはならない

私たちは子供たちに最善を尽くしなさいと励ます…　できる限り達成して最高の自分になりなさいと

私たちは最善を尽くしている人々を称賛する…　偉大な文化的達成であれ、社会を前進させる英雄的行為であれ、あるいはこの世がもっと優しい世界になるような単純な善の行為をしたときに

創発スピリチュアリティは、私たちの本質的目的は人生で最高の自分を表すことであるという、この遍在する直感のための合理的な土台である

そこで私はこの心の底から子供のような純真な洞察を最後に皆さんに残したい

あなたの人生の深い目的を成就する秘訣は**あなたの最善を尽くすこと**…　この偉大な古い言い回しは、自信を持って熱望を抱くとともに私たちが至らない場合はそれを受け入れるように励ましてくれているのだ

全力を尽くそう…　完璧ではないかもしれないことを知り
つつ

全力を尽くそう…　なぜならあなたがあなたの中の最高を
表出したら…　あなたはこの世を明るく照らすのだから

まとめ

10.1 進化と曖昧さ

存在の曖昧さは進化のプロセスによって生じる

宇宙は多次元現実であり、原始的物質から超越スピリットまで全レベルの創発性はその中で互いと隣同士で存在している

10.2 あなたの人生は重要である

創発スピリチュアリティは私たち人間の人生の重要性を明確に表明する

あなたの目的はすべてと一つなるあなたのゲニウスを顕在意識化することである…　そして人生にあなたの特別な貢献をもたらしてあなたのゲニウスを表現することである

あなたが常にいるべき最高の悟りの状態というものはない

魂形成の進化プロセスに意識的に関わっていくとはあり

とあらゆる経験の幅を持つことである

10.3 愛-叡智

あなたの最も深い目的を達成するためには、この世界で効果的に愛を表現する叡智を会得する必要がある

困難を経験することで性格形成の経験を得ており、それを通してあなたは愛-叡智を会得している

10.4 魂学

学びとはともすれば「悪い経験」から人生を広げる学びを引き出すこと、すると過去の苦しみは深い叡智に変容する

過去を変容させると、それまで私たちを抑えていた重みは堅固な土台に変わり私たちはそこからポジティブに前進することができる

私たちは霊的に目覚めると魂の変容プロセスはかなり楽になる、なぜなら慈悲深いゲニウスの視点から私たちはまず自分を受け入れて変容させることができるからだ

10.5 魂の自主性

個々の魂の流れは共に共鳴し合って魂-集合体を形成する

あなたは自立した魂にならなければならない、そうするとあなたは意識状態を高めて自分が属している魂-集合体においての普通を超越することができるからだ

10.6 死の準備

あなたが死ぬときに持っていけるのは過去の経験のみである

死を思い出すと人生で本当に大切なことは明確になる

10.7 全力を尽くしなさい

あなたのゲニウスを実現させるとはあなたの中の最善を表出すること

あなただけの目的を達成するために最善を尽くして世界を明るく照らしてほしい

新語の解説

communion of the souls
魂の交わり…超越スピリットを作るために交わり合う魂の流れたち

dark-light
闇−光…初源スピリットの純粋な潜在力

deep awake state
深い目覚めの状態…私たちがスピリットであるという本質的アイデンティティが意識化するときに生じる霊的覚醒経験

emergent spirituality
創発スピリチュアリティ…人生の目的、魂の不死性、超越スピリットの存在を含め、すべては進化のプロセスを通して存在化するという原理

evolutionary emergence
進化的創発…進化のプロセスの中で、それ以前に生まれたものが重なってゆき新しい存在の資質が創発すること

genealogical multiverse
系統的多元宇宙…私たちの宇宙はその前から存在する過去の宇宙から生まれたものとする概念

imagnos
死後のイメージ次元…死後状態の魂の流れたちによって作られる間主観的な想像現実

individuation
個体化…宇宙的な時間の流れから個々の時間の流れに進化していくプロセス

levels of emergence
創発性レベル…進化は３つの偉大な創発段階を経てきた…　物質の流れ
生命の流れ、魂の流れである

life-story
人生-ストーリー…出来事の連続が形成する時間の流れ

lifestream
生命の流れ…創発の生命レベルの時間の流れ…例えば植物や動物など

life-world
生命-世界…私たちが感覚を通して経験する創発レベル

love-light
愛-光…死後状態において経験する超越スピリット

love-wisdom
愛-叡智…すべてはひとつであると知ることから生じる愛で、効率的に愛する叡智が補われる

matterstream
物質の流れ…創発の物理レベルの時間の流れ…例えば原子、粒子、化学物質など

moment zero
ゼロの瞬間…宇宙の誕生のときで、その時より時間の流れは流れ始めて過去の蓄積が始まった

narrativity
物語性…私たちの概念による物語性のパワーのことで、このパワーによって私たちの人生は因果の世界の中で魔法のように形成展開する

pastivity
過去牽引性…蓄積した過去の「重さ」のことで、ものごとの創発性をもっと原始的なレベルに引き戻す

primal spirit
初源スピリット…進化中の時間の流れとして創発しつつる純粋な潜在力

psychosymbiosis
精神的共生関係…魂が転生する時にあらわれる、魂の流れと身体の流れの共生関係

scientific objectivism
科学的客観主義…現実は客観世界であり、それは感覚によって明示されるとされ、経験主義科学によって研究されている

somastream
身体の流れ…生命の流れとして捉えられている人間の身体

soul-collective
魂−集合体…個々の魂の流れが共に共鳴し合うと魂−集合体を形成する

soul-dimension
魂−次元…想像として私たちが経験する存在の次元

soulology
魂学…創発スピリチュアリティの原理に基づく心理学

soul-story
魂-ストーリー…概念的物語性のことで、私たちはこれをもって人生-ストーリーを理解する

soulstream
魂の流れ…魂-次元を経験する高度な創発性の時間の流れ…例えばあなたや私

timestream
時間の流れ…蓄積していく時間の流れとして見えている現実

transcendent spirit
超越スピリット…自らを自覚している初源スピリット意識の無形の一体性

translife
超生命…非局所的、非物理的な魂の次元で、生命-世界を超越している

transivity
向超越性…人生-ストーリーを良い形に形成する超越スピリットのパワー

unividuation
個体統合化…個々の時間の流れが混ざり合って、より大きな進化的創発レベルの高い時間の流れを形成すること

謝辞

本著をこの世に送り出すために私を助けてくれたすべての人に心からの感謝を伝えます…

私の素晴らしい妻、デビーは優れた洞察と無条件の愛をもって常に私を支えてくれました

斬新な本を作るために手を貸してくれたグラフィックデザイナー、バーナビー・アダムスのお陰で内容を見事に表現することができました

またクリエィティブな編集者、トニー・テイラーのお陰で私の概念をできる限り明確に表現できました

ワトキンス社のマイケル・マン、ジョー・ラルをはじめ素晴らしいチームの方々がこのプロジェクトを信頼し、型破りな本を作るためにサポートしてくれました

リチャード・コックス、フェイス・ウォーン、リチャード・ウッドペンは原稿を読んで学び多きコメントをして貢献してくれました

私が仕事を進められるように寛大な資金を残してくれたドナ・

ランカスターのお陰で私は哲学の熟考に多大な時間を費やすことができました… この素晴らしい女性について詳しくは彼女のウェブサイトwas.donnalancaster.netでご覧ください

著者紹介

ティモシー（ティム）・フリーク　Tim Freke

世界中の人々のハートとマインドに語り掛ける草分け的
哲学者として世界中で高く評価されている。哲学の学
位を取得。著作は30冊以上、15か国語に翻訳され、
デイリー・テレグラフ紙の「今年の一冊」にも選ばれて
いるほか、BBCやヒストリー・チャンネルなど海外のメディ
アにもしばしば取り上げられている。

参加者をスピリチュアルな目覚めへ導くイベントを世界各
地やオンラインで開催している。

https://timfreke.com/

訳者紹介

喜多理恵子　Rieko Kita

大阪府生まれ。通訳・翻訳家。

専門分野はボディ＆メンタルワーク、スピリチュアリティ
全領域、非二元論、心理学。国内をはじめ海外でのワー
クショップや研修でも通訳を務める。

訳書は『ホームには誰もいない』『早く死ねたらいいね！』
『「人生苦闘ゲーム」からの抜け出し方』（ナチュラルス
ピリット）『アセンション・ミステリー』『地球と自分を聖
地に変えるあなたへ』（ともにヒカルランド）他。

魂の物語
進化と人生の目的

●

2021年2月21日 初版発行

著者／ティモシー・フリーク
訳者／喜多理恵子

編集／山本貴緒
DTP／小粥 桂

発行者／今井博揮
発行所／株式会社 ナチュラルスピリット
〒101-0051 東京都千代田区神田神保町3-2 高橋ビル2階
TEL 03-6450-5938 FAX 03-6450-5978
info@naturalspirit.co.jp
https://www.naturalspirit.co.jp/

印刷所／中央精版印刷株式会社